Eine quantitative Analyse
internationaler Konjunkturzyklen

Europäische Hochschulschriften

Publications Universitaires Européennes
European University Studies

Reihe V
Volks- und Betriebswirtschaft

Série V Series V
Sciences économiques, gestion d'entreprise
Economics and Management

Bd./Vol. 2675

PETER LANG
Frankfurt am Main · Berlin · Bern · Bruxelles · New York · Oxford · Wien

Thomas Harjes

Eine quantitative Analyse internationaler Konjunkturzyklen

PETER LANG
Europäischer Verlag der Wissenschaften

Die Deutsche Bibliothek - CIP-Einheitsaufnahme

Harjes, Thomas:

Eine quantitative Analyse internationaler Konjunkturzyklen / Thomas Harjes. - Frankfurt am Main ; Berlin ; Bern ; Bruxelles ; New York ; Oxford ; Wien : Lang, 2000
(Europäische Hochschulschriften : Reihe 5, Volks- und Betriebswirtschaft ; Bd. 2675)
Zugl: Köln, Univ., Diss., 1999
ISBN 3-631-37024-5

D 38
ISSN 0531-7339
ISBN 3-631-37024-5

Für Sigrid und Hans-Peter Harjes

Vorwort

Die vorliegende Arbeit ist im Wintersemester 1999 von der Wirtschafts- und Sozialwissenschaftlichen Fakultät der Universität zu Köln als Dissertation angenommen worden. Sie enstand während meiner Zeit als wissenschaftlicher Mitarbeiter des staatswissenschaftliche Seminars am Lehrstuhl von Prof. Dr. Bernhard Felderer. Meinem Doktorvater Prof. Dr. Bernhard Felderer gilt für die Betreung meiner Arbeit mein besonderer Dank. Desweiteren möchte ich mich bei meinem Zweitgutachter Prof. Dr. C. Christian von Weizsäcker, bei Prof. Dr. Christian Keuschnigg und bei Prof. Gary D. Hansen, Ph.D. für eine Reihe hilfreicher Anregungen und Hinweise bedanken. Darüber hinaus danke ich allen ehemaligen und heutigen Kollegen des Lehrstuhls. Für viele inhaltliche und formale Verbesserungsvorschläge und sorgfältiges Korrekturlesen möchte ich mich insbesondere bei André Drost, Katharina Sailer und Andreas Schabert bedanken.

Die ausdauernde und aufmunternde Unterstützung meiner Eltern Sigrid und Hans-Peter Harjes war mir sehr wichtig und deshalb möchte ich Ihnen diese Arbeit widmen.

Köln, im Dezember 1999 Thomas Harjes

Inhaltsverzeichnis

Tabellenverzeichnis

Abbildungsverzeichnis

Kapitel 1

Einleitung

Die Dokumentation und Erklärung der Konjunkturzyklen gesamtwirtschaftlicher Größen stellt ein zentrales Anliegen innerhalb der Volkswirtschaftslehre dar. Eine Forschungsrichtung, die durch die Arbeiten von Kydland und Prescott (1982) sowie Long und Plosser (1983) begründet wurde und sich mit dem Phänomen konjunktureller Schwankungen auseinandersetzt, wird als Real Business Cycle Theorie bezeichnet. Grundlegend für die Modelle dieser Theorie sind die Arbeiten von Ramsey (1928), Solow (1956), Cass (1965), Koopmans (1965) und Lucas (1972 und 1975). Dies ist dahingehend zu verstehen, daß der Ausgangspunkt der realen Konjunkturtheorie darin besteht, Wachstum und Konjunkturschwankungen innerhalb eines einheitlichen theoretischen Konzeptes zu analysieren. Das Basismodell realer Konjunkturschwankungen ist als Erweiterung des neoklassischen Wachstumsmodells zu sehen, in dem rational handelnde Haushalte durch optimale Konsum-, Investitions- und Sparentscheidungen ihren Nutzen über einen unendlichen Zeithorizont maximieren. Erweitert wird das neoklassische Wachstumsmodell in zweierlei Hinsicht. Erstens wird das Arbeitsangebot endogenisiert. Die Haushalte entscheiden in jeder Periode, wie sie die ihnen insgesamt zur Verfügung stehende Zeit auf Freizeit und Arbeitszeit verteilen. Zweitens nimmt man an, daß die Modellökonomie durch stochastische, exogene Störungen bzw. Schocks beeinflußt wird. Hauptansatzpunkt dieser Schocks ist das gesamtwirtschaftliche Produktionsniveau. So erhöht z.B. ein positiver Technologieschock Arbeits- und Kapitalproduktivität und somit die Produktion. Dadurch wird in der Regel ein Anpassungsmechanismus in Gang gesetzt, da die Haushalte ihre Konsum-, Investitions-, Spar- und Arbeitszeitentscheidungen revidieren, um sich den veränderten Umweltverhältnissen optimal anzupassen. Die Modelle der Real Business Cycle Theorie können demzufolge als stochastische, dynamische allgemeine Gleichgewichtsmodelle bezeichnet werden, in denen rational agierende Wirschaftssubjekte optimal auf exogene Schocks reagieren.

Spezifiziert werden die Modelle durch die folgenden Komponenten:

- die Präferenzen und die Ausstattung der Wirtschaftssubjekte,
- die zur Verfügung stehende Technologie,
- die Informations- und Marktstruktur.

Nachdem die diesbezüglichen Annahmen getroffenen worden sind, ist es erforderlich, das Wettbewerbsgleichgewicht zu definieren[1]. Die das Wettbewerbsgleichgewicht beschreibenden Entscheidungsregeln der Wirtschaftssubjekte lassen sich in der Regel nicht analytisch, sondern nur durch den Einsatz approximativer Verfahren ermitteln[2]. Wenn die Entscheidungsregeln in Form eines stochastischen Differenzengleichungssystems bestimmt und das Modell parametrisiert worden ist, können die quantitativen Eigenschaften untersucht und mit den empirischen Konjunkturfakten verglichen werden. Die Parameterwerte der Präferenzen und der Technologie können mit Hilfe der stilisierten Fakten des Wirtschaftswachstums festgelegt werden.

Die Idee, Konjunkturzyklen mit Hilfe eines Differenzengleichungssystems und exogener Schocks zu generieren, hat eine lange Tradition. Bereits in den dreißiger Jahren ist dieser Ansatz von Frisch (1933), Kalecki (1935), Tinbergen (1937) und Samuelson (1939) vertreten worden. Koopmans (1949) erstellt auf der Grundlage dieser Arbeiten ein Gleichungssystem, das er als ökonometrischen Ansatz konjunktureller Schwankungen bezeichnet. Ein Bestandteil seines Systems ist eine Gruppe von Gleichungen, die das aggregierte Verhalten der Haushalte und Unternehmen beschreibt und die stochastischen Komponenten enthält. Im Gegensatz zu den Modellen der Real Business Cycle Theorie werden diese Gleichungen nicht aus den Maximierungskalkülen der Wirtschaftssubjekte abgeleitet, sondern ad hoc unterstellt. Die Parameter der Verhaltensgleichungen werden von Koopmans mit Hilfe entsprechender historischer Zeitreihen geschätzt. Das Selektionskriterium der zur Verfügung stehenden Verhaltensgleichungen besteht darin, inwiefern Aufnahme bzw. Vernachlässigung einer bestimmten Verhaltensgleichung des Systems die Anpassung

[1] Falls alle Märkte vollkommen sind und keine Externalitäten vorliegen, entspricht dem zweiten Satz der Wohlfahrtstheorie zufolge das Wettbewerbsgleichgewicht dem Pareto-Optimum, vgl. u.a. Varian (1992). In diesem Fall kann man die Gleichgewichtsallokation auch mit Hilfe des Konstrukts eines zentralen Planers bestimmen.

[2] Einen umfassenden Überblick verschiedener Verfahren liefern Marimon und Scott (1999).

an die historischen Daten verbessert. Der Ansatz von Koopmans hat die Konjunkturforschung in den fünfziger und sechziger Jahren weitgehend dominiert. Kydland und Prescott (1991, S.166) zitieren dazu Solow wie folgt:

> "I think that most economists feel that the short run macroeconomic theory is pretty well in hand... The basic outlines of the dominant theory have not changed in years. All that is left is the trivial job of filling in the empty boxes [the parameters to be estimated] and that will not take more than 50 years of concentrated effort at a maximum."

In den siebziger Jahren ist der Ansatz von Koopmans in mehrfacher Hinsicht kritisiert worden. Ein entscheidener Punkt ist die von Lucas (1976) formulierte Kritik, daß die geschätzten Parameter der Verhaltensgleichungen nicht invariant gegenüber Änderungen der politischen Rahmenbedingungen sind. Damit erweist sich der Ansatz von Koopmans als untauglich, die Auswirkungen von Politikänderungen zu analysieren und zu prognostizieren. Die Modelle der Real Business Cycle Theorie sind dieser Kritik nicht ausgesetzt, da sie auf den sogenannten tiefen Parametern der Präferenzen und der Technologie basieren.

Die ursprünglichen Modelle von Kydland und Prescott (1982) sowie Long und Plosser (1983) sind inzwischen in vielfacher Hinsicht erweitert worden[3]. Während die Motivation von Long und Plosser (1983) hauptsächlich darin besteht, Fluktuationen als optimale Reaktionen rationaler Wirtschaftssubjekte zu erklären, steht bei Kydland und Prescott (1982) der Vergleich zwischen empirischen und mit dem Modell simulierten makroökonomischen Zeitreihen im Vordergrund. Ihr Modell zeichnet sich allerdings durch eine Reihe von Annahmen aus, die sich als überflüssig erwiesen haben[4]. Hansen (1985) stellt ein wesentlich vereinfachtes Modell vor, daß durch eine Modifikation bezüglich des Arbeitsmarktes einen Teil der Ergebnisse von Kydland und Prescott (1982) verbessert und häufig als Prototyp der Real Business Cycle Theorie bezeichnet wird[5]. Der Autor unterstellt, daß die individuelle Ar-

[3] Einen Überblick zum Inhalt und zur Entwicklung der Real Business Cycle Theorie geben u.a. die Arbeiten von Danthine und Donaldson (1993), Plosser (1989), Stadler (1994) und Williamson (1996).

[4] Kydland und Prescott (1982) unterstellen, daß es vier Perioden dauert Kapital zu produzieren (time-to-build). Ihre Nutzenfunktion hängt auch von vergangenen Werten für Freizeit und Konsum ab. Lagerhaltung wird als Produktionsfaktor modelliert und die Produktivitätsschocks enthalten sowohl eine permanente als auch eine transitorische Komponente.

[5] Vgl. McCallum (1989).

beitszeit unteilbar ist, d.h. Haushalte arbeiten entweder eine fixe Zeitspanne oder sind arbeitslos. Die Haushalte können sich bei den Unternehmen gegen das Risiko des Verdienstausfalls bei Arbeitslosigkeit vollständig versichern und der tatsächliche Beschäftigungsstatus wird durch eine Lotterie bestimmt. Der Autor zeigt, daß sich unter diesen Annahmen, unabhängig von der individuellen intertemporalen Substitutionselastizität der Arbeitszeit, eine unendlich große intertemporale Substitutionselastizität der aggregierten Arbeitszeit ergibt, die den Propagationsmechanismus eines Technologieschocks erheblich verstärkt.

Andere maßgebliche Erweiterungen, die versuchen Unzulänglichkeiten des Modells in bezug auf den Arbeitsmarkt zu beseitigen, sind u.a. von Burnside, Eichenbaum und Rebelo (1993), Christiano und Eichenbaum (1992) und Danthine und Donaldson (1990) vorgenommen worden. Die Arbeiten von Burnside et al. (1993) sowie von Christiano und Eichenbaum (1992) beseitigen die hohe positive Korrelation zwischen Beschäftigung und Arbeitsproduktivität des Modells von Hansen (1985), die sich empirisch nicht beobachten läßt. Christiano und Eichenbaum (1992) integrieren einen öffentlichen Sektor in das Modell und unterstellen, daß privater und öffentlicher Verbrauch keine perfekten Substitute in der Nutzenfunktion des Haushalts darstellen. Die Staatsausgaben werden als exogener, stochastischer Prozeß modelliert und durch Steuern finanziert. Eine Erhöhung der Staatsausgaben verursacht einen negativen Vermögenseffekt bei den Haushalten, die daraufhin ihr Arbeitsangebot ändern. Da die Arbeitsnachfragekurve nicht berührt wird, ensteht eine negative Korrelation, die die durch Technologieschocks bedingte positive Korrelation kompensiert. Burnside et al. (1993) unterstellen, daß die Unternehmen Arbeitskräfte horten, da sie Arbeitskräfte einstellen müssen, bevor sie den Technologieschock der jeweiligen Periode beobachten können. Dadurch erfolgt eine verzögerte Anpassung der Beschäftigung, die wiederum die Korrelation zwischen Beschäftigung und Produktivität senkt. Danthine und Donaldson (1990) untersuchen die Konjunkturschwankungen unfreiwilliger Arbeitslosigkeit, indem sie Effizienzlöhne berücksichtigen. Sie liefern damit einen der ersten Ansätze innerhalb der Real Business Cycle Theorie, in denen nicht markträumende Preise zugelassen werden[6].

Neben der Arbeit von Christiano und Eichenbaum (1992) untersuchen u.a. Greenwood und Huffman (1991), McGrattan, Rogerson und Wright (1993), McGrattan

[6] Eine kritische Untersuchung der Effizienzlohntheorie im Rahmen der Real Business Cycle Theorie präsentieren Uhlig und Xu (1996).

(1994), Chari, Christiano und Kehoe (1995) sowie Jonsson und Klein (1996) die Implikationen steuerfinanzierter Staatsausgaben, indem sie detailliert einen öffentlichen Sektor in das Modell integrieren. Die Studien zeigen, daß die Modellierung der Staatsausgaben als exogenen, stochastischen Prozess, der den empirischen Daten angepaßt wird, nur einen im Vergleich zu Technologieschocks geringen Einfluß auf die Volatilität des Inlandsprodukt hat. Ein wichtiger Aspekt, der erst durch die Berücksichtigung eines öffentlichen Sektors ermöglicht und von den Autoren untersucht wird, besteht darin, die wohlfahrtstheoretischen Effekte unterschiedlicher wettbewerbsverzerrender Steuern zu quantifizieren.

Wie am Beispiel des Arbeitsmarktes und des öffentlichen Sektors demonstriert worden ist, sind die ursprünglichen Modelle erweitert worden, um ihre deskriptiven Eigenschaften zu verbessern, unberücksichtigte Faktoren einzubeziehen und eine wohlfahrtstheoretische Analyse zu ermöglichen. Einen detaillierten Überblick der unterschiedlichen Forschungsschwerpunkte liefert das von Cooley (1995) herausgegebene Buch *Frontiers of Business Cycle Research.* Neben dem Arbeitsmarkt und dem öffentlichen Sektor werden im Buch von Cooley (1995) die folgenden Themen unter dem Aspekt konjunkturrelevanter Implikationen getrennt diskutiert: Heterogene Agenten, Heimarbeit als Alternative zur gewerblichen Arbeit, Integration eines monetären Sektors, Berücksichtigung nicht markträumender Preise, unterschiedliche Kapitalanlageformen sowie monopolistische Konkurrenz und steigende Skalenerträge. Desweiteren werden Modelle für offene Volkswirtschaften präsentiert.

Im Mittelpunkt der vorliegenden Arbeit stehen Modelle der Real Business Cycle Theorie, die sich explizit mit den kennzeichnenden Elementen internationaler Konjunkturzyklen beschäftigen. Nachdem außenwirtschaftliche Faktoren zunächst kaum Beachtung fanden, sind Anfang der neunziger Jahre in zunehmendem Maß Studien erschienen, in denen Modelle für eine offene Volkswirtschaft oder Zwei-Länder-Modelle untersucht werden. Modelle für kleine, offene Volkswirtschaften werden u.a. in den Arbeiten von Mendoza (1991), Lundvik (1992) und Correia, Neves und Rebelo (1995) präsentiert. Auf der einen Seite untersuchen die Autoren, inwiefern die Modelle die konjunkturellen Fakten anderer Länder als den USA replizieren können. Mendoza (1991) bezieht sich auf Kanada, Lundvik auf Schweden (1992) und Correia et al. (1995) betrachten Portugal. Auf der anderen Seite ergänzen sie die makroökonomischen Größen der Modelle geschlossener Volkswirtschaften durch spezifisch außenwirtschaftliche Größen wie z.B. die Handelsbilanz und zeigen, daß die

Ergebnisse der Modelle auch in dieser Hinsicht mit den konjunkturellen Fakten der jeweiligen Volkswirtschaften konsistent sind.

Im Gegensatz zu den Modellen für einzelne, offene Volkswirtschaften ermöglichen Zwei-Länder-Modelle eine Analyse der Korrelation in- und ausländischer Größen, wie z.B. der des Inlandsprodukts oder der der Investitionen der Länder. Betrachtet man daneben auch mehrere, heterogene Güter können das reale Austauschverhältnis zwischen Importen und Exporten (Terms of Trade) oder der reale Wechselkurs analysiert werden. Zwei-Länder-Modelle werden u.a. in den Arbeiten von Backus, Kehoe und Kydland (1992), Baxter und Crucini (1993), Backus, Kehoe und Kydland (1994) und Baxter (1995) präsentiert. Die Autoren dieser Studien haben eine Diskrepanz zwischen empirischen Fakten und theoretischen Resultaten in zweierlei Hinsicht festgestellt. Zum einen ergibt sich in den Modellen im Widerspruch zu empirischen Befunden eine höhere Korrelation des Konsums der Länder als die der Bruttoinlandsprodukte. Desweiteren sind die Investitionen sowie der Arbeitseinsatz zwischen den Ländern in den Modellen negativ korreliert, während sich empirisch eine positive Korrelation beobachten läßt. Diese Diskrepanz wird als Quantitätsanomalie bezeichnet. Zum anderen sind die empirischen Terms of Trade wesentlich volatiler als die entsprechende Modellvariable. Hierfür hat sich der Begriff der Preisanomalie eingebürgert.

Die vorliegende Arbeit umfaßt sowohl ein Modell für eine offene Volkswirtschaft als auch Zwei-Länder-Modelle und ist folgendermaßen gegliedert. Das zweite Kapitel liefert eine Einführung in die Methodik der Real Business Cycle Theorie. Hier wird das statistische Verfahren zur Bestimmung der empirischen Fakten konjunktureller Schwankungen, die als Beurteilungskriterium der Modelle dienen, vorgestellt. Wie die meisten Modelle der Real Business Cycle Theorie lassen sich auch die in dieser Arbeit betrachteten Modelle nicht analytisch lösen. Deshalb wird in diesem Kapitel ein einfaches approximatives Lösungsverfahren am Beispiel des Modells von Hansen (1985) erörtert. Das dritte Kapitel enthält ein Modell für eine offene Volkswirtschaft, das mit Hilfe westdeutscher Daten parametrisiert wird, um zu untersuchen, ob die Resultate mit den empirischen Fakten für Westdeutschland übereinstimmen. Die Annahme einer kleinen, offenen Volkswirtschaft, derzufolge internationale Preise als gegeben betrachtet werden, erscheint für Deutschland eher unrealistisch. Aus diesem Grund wird der hier betrachteten, relativ großen, offenen Volkswirtschaft ein Einfluß auf den einzigen internationalen Preis des Modells, den Weltmarktzins eingeräumt. Hierfür wird ein negativer Zusammenhang zwischen dem Zins und dem Bestand ausländischer Anleihen in der betrachteten Volkswirtschaft unterstellt, die sich demnach dadurch auszeichnet, daß ihr international eine gewisse Marktmacht eingeräumt wird. Im vierten Kapitel wird ein Zwei-Länder-zwei-Güter-Modell vorgestellt, dem das Modell von Backus et al. (1994) zugrundeliegt. Um die oben erwähnte Preisanomalie zu vermindern bzw. zu beseitigen, werden neben den herkömmlichen Technologieschocks weitere exogene Schocks eingeführt, die importvermehrend bzw. -vermindernd wirken und als Variation von Transportkosten oder Einfuhrbestimmungen interpretiert werden können. Im fünften Kapitel wird untersucht, welche konjunkturellen Implikationen sich für ein Zwei-Länder-Modell ergeben, wenn beide Länder über einen monopolistischen Sektor mit steigenden Skalenerträgen verfügen. Steigende Skalenerträge können dazu führen, daß die sonst charakteristische Eigenschaft der Sattelpunktstabilität des allgemeinen Gleichgewichtsmodells eines repräsentativen Agenten mit unendlichem Zeithorizont aufgehoben wird und das Modell stabil wird[7]. Die Eigenschaft der Stabiltät impliziert, daß ein gleichgewichtiger Anpassungspfad zum stationären Gleichgewicht nicht mehr eindeutig bestimmt werden kann. Im Kontext allgemeiner Gleichgewichtsmodelle, in denen sich die Agenten durch rationale Erwartungen auszeichnen, sind somit auch die Erwartungen der Agenten nicht länger eindeutig determiniert. Indem direkt die Erwartungen beeinflussende Schocks eingeführt werden, können dann auch ohne exogene Veränderungen der sogenannten fundamentalen Variablen wie z.B. des Technologieniveaus Fluktuationen erzeugt werden. In diesem Kapitel soll insbesondere geklärt werden, ob auch im Rahmen eines Zwei-Länder-Modells multiple Gleichgewichte existieren und welche Auswirkungen sich daraus für die Eigenschaften des Modells ergeben, falls Erwartungsschocks die Rolle von Technologieschocks als treibende Kraft konjunktureller Schwankungen übernehmen können. Das sechste Kapitel faßt die in dieser Arbeit erzielten Ergebnisse zusammen.

[7]Vgl. Woodford (1991), Benhabib und Farmer (1994) und Rotemberg und Woodford (1995).

Kapitel 2

Einführung in die Methodik der realen Konjunkturtheorie

In der vorliegenden Arbeit werden die empirischen Fakten der Konjunkturzyklen durch die zweiten Momente trendbereinigter makroökonomischer Zeitreihen beschrieben. Empirische Regularitäten, die sich für verschiedene Zeiträume und unterschiedliche Länder beobachten lassen, werden in Anlehnung an Kaldor (1961), der diesen Begriff in der Wachstumsforschung einführte, als stilisierte Fakten bezeichnet. Die stilisierten Fakten der Konjunkturzyklen stellen den Maßstab zur Beurteilung der Modelle der Real Business Cycle Theorie dar. Dabei wird untersucht, inwiefern die Modelle in der Lage sind, die stilisierten Fakten zu replizieren. Im ersten Abschnitt dieses Kapitels wird das in der Real Business Cycle Literatur am häufigsten und auch in dieser Arbeit verwendete Verfahren zur Trendbereinigung, der sogenannte Hodrick-Prescott-Filter (1980), vorgestellt. Eine Lösung der Modelle der Real Business Cycle Theorie läßt sich zumeist nicht analytisch, sondern nur mit Hilfe approximativer Verfahren bestimmen, da das Zusammenspiel multiplikativer Elemente im Produktionsbereich und additiver Elemente im Rahmen der Kapitalakkumulation in der Regel eine nichtlineare Modellstruktur verursacht[1]. Im zweiten Abschnitt dieses Kapitels wird die Methode der unbestimmten Koeffizienten als Lösungsverfahren des an der Stelle des deterministischen, stationären Gleichgewichts approximierten, loglinearen Differenzengleichungssystems, das das Wettbewerbsgleichgewicht beschreibt, vorgestellt. Als Referenzmodell dient das Modell von Hansen (1985), das von McCallum (1989) auch als Prototyp der Real Business Cycle Theorie bezeichnet wird.

[1]Eine Ausnahme bildet das Modell von Long und Plosser (1983). Sie abstrahieren von dauerhaften Kapitalgütern, indem sie eine vollständige Abschreibung innerhalb eines Quartals unterstellen. Dadurch läßt sich das Modell analytisch lösen.

Eine umfangreiche Präsentation verschiedener Lösungsverfahren nichtlinearer, stochastischer, dynamischer Modelle liefert das Buch von Marimon und Scott (1999).

2.1 Der Hodrick-Prescott-Filter

In Anlehnung an Lucas (1977) werden Konjunkturzyklen in der vorliegenden Arbeit durchgängig als Abweichungen makroökonomischer Variablen von ihrem jeweiligen Trend definiert[2]. Die Begriffe Konjunkturzyklen und Konjunkturschwankungen werden im folgenden synonym verwendet. Diese Definition der Konjunkturschwankungen erfordert eine Zerlegung der Zeitreihe einer makroökonomischen Größe y_t in eine Trend- bzw. Wachstumskomponente y_t^g und eine stationäre zyklische Komponente y_t^c:

$$y_t = y_t^g + y_t^c. \tag{2.1}$$

Das methodische Problem der Zerlegung besteht darin, ein geeignetes Verfahren zu bestimmen, um die beiden Komponenten zu isolieren. Eine Möglichkeit ist, die Trendkomponente als deterministisches Polynom der Zeit zu definieren. Unterstellt man dabei, daß Trend- und zyklische Komponente unabhängig voneinander sind, können die Parameter des Polynoms mit Hilfe eines einfachen Regressionsmodells geschätzt und die zyklische Komponente residual bestimmt werden. Seit der Arbeit von Nelson und Plosser (1982) bestehen allerdings erhebliche Zweifel, ob die Definition des Trends als deterministisches Polynom der Zeit sinnvoll ist. Sie zeigen, daß sich der Trend des logarithmierten, realen Inlandsprodukts in den USA am besten durch einen additiven, stochastischen Prozeß (*Random Walk with Drift*) beschreiben läßt. Demzufolge müßte man die ersten Differenzen der logarithmierten Reihe des realen Bruttoinlandsprodukts bilden, um die zyklische Komponente zu bestimmen. Christiano und Eichenbaum (1989) sowie Rudebusch (1993) sind der Auffassung, daß die vorhandenen Daten nicht ausreichen, um mit Hilfe statistischer Tests die Frage zu klären, welche der konkurrierenden Definitionen sinnvoller ist[3].

In der Real Business Cycle Literatur hat sich ein pragmatisch orientiertes Verfahren zur Bestimmung der zyklischen Komponente durchgesetzt, der nach Hodrick und Prescott (1980) benannte Hodrick-Prescott-Filter. Dieser Filter läßt sich aus

---

[2] Einen Überblick verschiedener Definitionen und Verfahren zur Messung von Konjunkturzyklen liefert Maußner (1994).

[3] Lucke (1997) testet sowohl die Hypothese eines deterministischen als auch die eines stochstischen Trends für mehrere makroökonomische Zeitreihen auf der Basis westdeutscher Daten des Zeitraums 1975-1994. Er kommt zu dem Ergebnis das keine der Hypothesen zu einem akzeptablen Signifikanzniveau verworfen werden kann.

der Lösung des folgenden Minimierungsproblems ableiten:

$$\min_{\{y_t^g\}_{t=0}^T} \sum_{t=1}^{T} (y_t - y_t^g)^2 + \lambda[(y_{t+1}^g - y_t^g) - (y_t^g - y_{t-1}^g)]^2 \ , \ \lambda \geq 0. \tag{2.2}$$

Der Parameter λ determiniert die Trend- bzw. Wachstumskomponente. Wenn λ gleich null gesetzt wird, entspricht der Trend im Optimum der Orginalreihe. Für ein hinreichend großes λ ergibt sich, daß die Differenz der Änderungsraten der Trendkomponente im Optimum gegen null gehen muß, d.h. der Trend ist in diesem Fall linear: $y_t^g = a + bt$. Die notwendige Bedingung erster Ordnung des Minimierungsproblems lautet:

$$\begin{aligned} 0 \quad = \quad & -2(y_t - y_t^g) + 2\lambda[(y_t^g - y_{t-1}^g) - (y_{t-1}^g - y_{t-2}^g)] \\ & -4\lambda[(y_{t+1}^g - y_t^g) - (y_t^g - y_{t-1}^g)] \\ & +2\lambda[(y_{t+2}^g - y_{t+1}^g) - (y_{t+1}^g - y_t^g)]. \end{aligned} \tag{2.3}$$

Definiert man den Lagoperator $L : y_{t-1} = Ly_t$ kann man die notwendige Bedingung folgendermaßen umformen:

$$\begin{aligned} y_t &= [\lambda L^{-2} - 4\lambda L^{-1} + 6\lambda + 1 - 4\lambda L + \lambda L^2] y_t^g, \\ &= [\lambda(1-L)^2(1-L^{-1})^2 + 1] y_t^g, \end{aligned} \tag{2.4}$$

$$\begin{aligned} y_t^c &= \frac{\lambda(1-L)^2(1-L^{-1})^2}{\lambda(1-L)^2(1-L^{-1})^2 + 1} y_t, \\ y_t^c &= F_\lambda(L) y_t. \end{aligned} \tag{2.5}$$

Für Quartalsdaten wird in der Literatur gewöhnlich der Wert $\lambda = 1600$ gewählt. Prescott (1986) vergleicht die zyklische Komponente, die der Filter $F_{1600}(L)$ produziert, mit derjenigen, die man durch Anwendung eines Differenzenfilters und nachfolgender Anwendung eines Bandpassfilters erhält, der alle Schwingungskomponenten mit einer Periodenlänge von über acht Jahre eliminiert. Er kommt zu dem Ergebnis, daß die zyklischen Komponenten sehr ähnlich ausfallen. Der Hodrick-Prescott-Filter $F_{1600}(L)$ kann daher als Trendbereinigungsverfahren interpretiert werden, das die zyklische Komponente als Schwingungen mit Periodenlängen, die kürzer als acht Jahre sind, definiert. Eine detaillerte Untersuchung des Hodrick-Prescott-Filters mit Hilfe spektralanalytischer Methoden findet man bei King und Rebelo (1993). Harvey

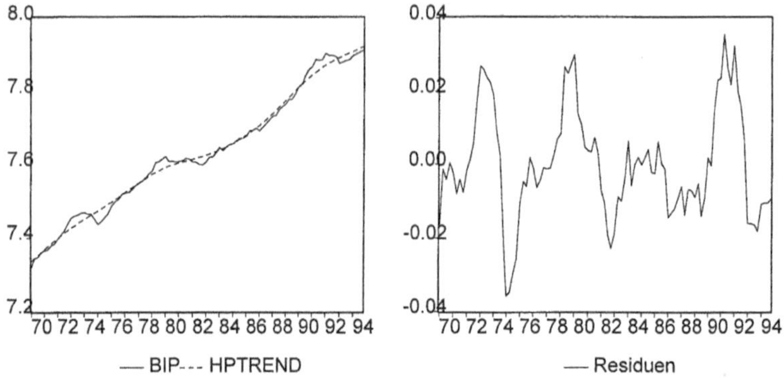

Abildung~2-1: Das westdeutsche Bruttoinlandsprodukt, sein Hodrick-Prescott-Trend und die Residuen, 1970:1-1994:4.

und Jaeger (1993), Jaeger (1994) und Cogley und Nason (1995) kritisieren an dem Hodrick-Prescott-Filter, daß seine Anwendung auf verschiedene nichtstationäre Reihen Residuen produziert, deren statistische Eigenschaften nahezu identisch sind, auch wenn die datengenerierenden Prozesse der Reihen verschieden sind.

Abbildung 2-1 illustriert die Anwendung des Hodrick-Prescott-Filters auf die saisonbereinigte, logarithmierte Reihe des realen westdeutschen Bruttoinlandsprodukts von 1970:1-1994:4. Die Residuen repräsentieren als Abweichungen vom Trend definitionsgemäß die Konjunkturschwankungen. Die charakteristischen Merkmale der Reihe der Residuen werden in Form der zweiten Momente, wie z.B. Standardabweichung, Autokorrelation etc. zuammengefaßt werden[4]. Daneben werden die kontemporäre Korrelation verschiedener Reihen sowie deren Kreuzkorrelationen für unterschiedliche Perioden (*leads* und *lags*) bestimmt. Diese statistischen Kennzahlen bilden die Grundlage der Analyse konjunktureller Schwankungen.

[4]Die stationäre Reihe der Residuen läßt sich auch als Überlagerung harmonischer Schwingungen darstellen und im Frequenzbereich analysieren. Eine ausführliche Abhandlung spektralanalytischer Methoden findet man bei Schlittgen und Streitberg (1989). Eine Anwendung dieser Methoden im Rahmen der Real Business Cycle Theorie ist u.a. von Watson (1993) vorgenommen worden. In der Regel beschränkt man sich jedoch auf die Analyse im Zeitbereich.

2.2 Das Modell von Hansen

In diesem Abschnitt wird die Methode der unbestimmten Koeffizienten als Lösungsverfahren des an der Stelle des deterministischen, stationären Gleichgewichts approximierten, loglinearen Differenzengleichungssystems, das das Wettbewerbsgleichgewicht des Modells beschreibt, vorgestellt. Das Lösungsverfahren wird am Beispiel des Modells von Hansen (1985) präsentiert. Die Ausführungen orientieren sich im wesentlichen an den Arbeiten von Campbell (1994), Romer (1996) und Uhlig (1995).

2.2.1 Die Modellstruktur

Betrachtet wird eine Modellökonomie, die von einer großen Zahl M identischer Haushalte bevölkert wird. Die Bevölkerung N_t bzw. jeder Haushalt wächst mit der Bruttorate η:

$$N_t = N_0 \eta^t. \tag{2.6}$$

Es wird nur ein Gut produziert, das sowohl als Investitionsgut als auch als Konsumgut verwendet werden kann.

Das repräsentative Unternehmen

Das repräsentative Unternehmen produziert das homogene Gut, indem es Arbeitskräfte H_t beschäftigt, Kapital K_t mietet und die folgende Cobb-Douglas-Technologie einsetzt:

$$Y_t = Z_t K_t^{1-\alpha} (X_t H_t)^{\alpha}, \quad 0 < \alpha < 1. \tag{2.7}$$

X_t repräsentiert den arbeitsvermehrenden technischen Fortschritt und wächst mit der Bruttorate χ_x. Z_t bezeichnet die stochastische Komponente des Produktionsprozesses. Im folgenden wird unterstellt, daß sich der Logarithmus von Z_t durch einen autoregressiven Prozeß erster Ordnung beschreiben läßt:

$$\ln Z_t = \rho \ln Z_{t-1} + \varepsilon_t, \quad 0 < \rho < 1, \quad \varepsilon_t \sim N(0, \sigma_\varepsilon^2). \tag{2.8}$$

Der Kapitalstock einer Periode setzt sich aus dem Kapitalstock unter Berücksichtigung von Abschreibungen und den Investitionen der Vorperiode zusammen:

$$K_{t+1} = (1-\delta) K_t + I_t, \quad 0 \leq \delta \leq 1. \tag{2.9}$$

Das Gewinnmaximierungskalkül des repräsentativen Unternehmens lautet:

$$\max Z_t K_t^{1-\alpha}(X_t H_t)^\alpha - r_t K_t - w_t H_t, \tag{2.10}$$

wobei r_t und w_t den aus der Sicht des repräsentativen Unternehmens gegebenen Realzins bzw. Reallohn bezeichnen. Der Preis des homogenen Gutes ist auf eins normiert worden.

Der repräsentative Haushalt

Jeder Haushalt maximiert den erwarteten Nutzen seiner Angehörigen über einen unendlichen Zeithorizont, indem er unter Berücksichtigung seiner Nebenbedingungen in jeder Periode die optimale Konsumnachfrage c_t und das optimale Arbeitsangebot h_t wählt. Die Kleinbuchstaben bezeichnen Pro-Kopf-Größen und die einem Individuum insgesamt zur Verfügung stehende Zeit ist auf eins normiert worden:

$$\max E \sum_{t=0}^{\infty} \beta^t \frac{N_t}{M} U(c_t, 1 - h_t). \tag{2.11}$$

Der Parameter β bezeichnet die subjektive Diskontrate der Haushalte. Als spezifische Nutzenfunktion wird die logarithmische Nutzenfunktion gewählt. Zur Vereinfachung wird die Normierung $\frac{N_0}{M} = 1$ vorgenommen. Man erhält dann:

$$\max E \sum_{t=0}^{\infty} (\beta\eta)^t (\ln c_t + \Psi \ln(1 - h_t)), \quad 0 < \beta\eta < 1. \tag{2.12}$$

Der Parameter Ψ gewichtet die Freizeit in der Nutzenfunktion. Jeder Haushalt ist in der Anfangsperiode mit k_0 Kapitalgütern ausgestattet. Seine Budgetbeschränkung lautet:

$$r_t k_t + w_t h_t = c_t + i_t, \tag{2.13}$$

$$\text{mit} \quad \eta k_{t+1} = (1 - \delta) k_t + i_t. \tag{2.14}$$

Hansen (1985) unterstellt in seinem Modell, daß der Haushalt bei der Wahl des Arbeitsangebots eingeschränkt ist. Jeder Haushalt kann entweder eine fixe Arbeitszeit $h_t = h_f$ anbieten oder überhaupt nicht arbeiten, $h_t = 0$. Um die dadurch enstandene Nichtkonvexität des Maximierungsproblems zu beseitigen, wird ferner unterstellt, daß die Haushalte Zugang zu einem vollkommenen Versicherungsmarkt haben. Sie können dort Verträge abschließen, in denen die Wahrscheinlichkeit p_t einer Lotterie festgelegt wird. Der Ausgang der Lotterie entscheidet darüber, ob ein Haushalt in der jeweiligen Periode h_f Stunden arbeitet (Wahrscheinlichkeit = p_t) oder arbeitslos $(1 - p_t)$ ist. Unabhängig vom Ausgang der Lotterie erhält er das Einkommen $p_t h_f w_t$. Das modifizierte Maximierungsproblem der Haushalte mit der Entscheidungsvariablen p_t statt h_t lautet dann:

$$\max E \sum_{t=0}^{\infty} (\beta\eta)^t [p_t(\ln c_t + \Psi \ln(1 - h_f)) + (1 - p_t)(\ln c_t + \Psi \ln 1)] \tag{2.15}$$

oder:

$$\max E \sum_{t=0}^{\infty} (\beta\eta)^t (\ln c_t + p_t \Psi \ln(1 - h_f)), \tag{2.16}$$

so daß:

$$r_t k_t + p_t h_f w_t = c_t + i_t, \tag{2.17}$$

$$\eta k_{t+1} = (1 - \delta) k_t + i_t. \tag{2.18}$$

Da die Haushalte des Modells identisch sind, wählen alle das gleiche p_t. Die durchschnittliche Arbeitszeit beträgt damit $h_t = p_t h_f$. Löst man diese Gleichung nach p_t auf und ersetzt p_t in 2.16 und 2.17, lautet das Maximierungsproblem des repräsentativen Haushalts:

$$\max E \sum_{t=0}^{\infty} (\beta\eta)^t (\ln c_t - B h_t), \quad B = -\Psi \frac{\ln(1 - h_f)}{h_f}, \tag{2.19}$$

so daß:

$$r_t k_t + w_t h_t = c_t + i_t, \tag{2.20}$$

$$\eta k_{t+1} = (1 - \delta) k_t + i_t. \tag{2.21}$$

Die Nutzenfunktion des repräsentativen Haushalts ist eine lineare Funktion der Arbeitszeit. Damit ist es Hansen gelungen, unabhängig von der individuellen Substitutionselastizität der Arbeitszeit eine unendlich hohe Substitutionselastizität des repräsentativen Haushalts zu erzeugen. Diese Eigenschaft hat wesentlich dazu beigetragen, die Ergebnisse des Modells in Hinblick auf die Arbeitsmarktgrößen zu verbessern.

2.2.2 Das zentrale Planungsproblem

Da keine externen Effekte vorliegen und alle Märkte vollkommen sind, entspricht nach dem zweiten Satz der Wohlfahrtstheorie das Wettbewerbsgleichgewicht dem Pareto-Optimum[5]. Um das Pareto-Optimum zu bestimmen, kann man sich des Konzepts eines zentralen Planers bedienen, der den erwarteten Nutzen des repräsentativen Haushalts unter Beachtung der Nebenbedingungen 2.7-2.9 und der Ressourcenbeschränkung, ausgedrückt in Pro-Kopf-Größen, maximiert:

$$\max E\sum_{t=0}^{\infty}(\beta\eta)^t(\ln c_t - Bh_t), \quad B = -\Psi\frac{\ln(1-h_f)}{h_f}, \tag{2.22}$$

so daß:

$$\begin{aligned} y_t &= Z_t k_t^{1-\alpha}(X_t h_t)^{\alpha}, & (2.23)\\ \ln Z_t &= \rho \ln Z_{t-1} + \varepsilon_t, \quad \varepsilon_t \sim N(0,\sigma_\varepsilon^2), & (2.24)\\ \eta k_{t+1} &= (1-\delta)k_t + i_t, & (2.25)\\ y_t &= c_t + i_t. & (2.26) \end{aligned}$$

Die Lagrangefunktion des zentralen Planers kann wie folgt formuliert werden:

$$\begin{aligned} L &= E\sum_{t=0}^{\infty}(\beta\eta)^t[(\ln c_t - Bh_t) & (2.27)\\ &\quad +\lambda_t(Z_t k_t^{1-\alpha}(X_t h_t)^{\alpha} - c_t - \eta k_{t+1} + (1-\delta)k_t)]. \end{aligned}$$

Die notwendigen Bedingungen erster Ordnung lauten[6]:

$$\begin{aligned} \frac{1}{c_t} &= \lambda_t, & (2.28)\\ B &= \lambda_t \alpha \frac{y_t}{h_t}, & (2.29) \end{aligned}$$

[5] Vgl. z.B. Varian (1992).

[6] E_t bezeichnet den bedingten Erwartungswert, der auf der Grundlage zum Zeitpunkt t vorliegenden Informationen gebildet wird.

$$\lambda_t = \beta E_t[\lambda_{t+1}((1-\alpha)\frac{y_{t+1}}{k_{t+1}} + (1-\delta))]. \qquad (2.30)$$

Desweiteren muß im Optimum die folgende Transversalitätsbedingung erfüllt sein:

$$\lim_{t\to\infty} (\beta n)^t \frac{k_t}{c_t} = 0. \qquad (2.31)$$

Die Nebenbedingungen 2.23-2.26 und Optimalitätsbedingungen 2.28-2.30 stellen ein nichtlineares Differenzengleichungssystem dar, das sich analytisch nicht lösen läßt. Deshalb wird eine loglineare Approximation des Systems an der Stelle des deterministischen, stationären Gleichgewichts vorgenommen. Das loglineare Differenzengleichungssystem wird dann mit Hilfe der Methode der unbestimmten Koeffizienten gelöst.

2.2.3 Das deterministische, stationäre Gleichgewicht

Das deterministische, stationäre Gleichgewicht beschreibt das langfristige Wachstumsgleichgewicht der betrachteten Modellökonomie. Um die Konstanz der Pro-Kopf-Variablen im deterministischen, stationären Gleichgewicht zu gewährleisten, werden zunächst alle Variablen, mit Ausnahme der Arbeitszeit, durch die Rate des technischen Fortschritts χ_x^t dividiert und die stochastische Komponente Z_t gleich eins gesetzt. Das deterministische, stationäre Gleichgewicht wird dann durch das folgende Gleichungssystem beschrieben[7]:

$$B = \frac{1}{c}\alpha\frac{y}{h}, \qquad (2.32)$$

$$1 = \frac{\beta}{\chi_x}((1-\alpha)\frac{y}{k} + (1-\delta)), \qquad (2.33)$$

$$y = c + i, \qquad (2.34)$$

$$y = k^{1-\alpha}h^{\alpha}, \qquad (2.35)$$

$$\frac{i}{k} = \eta\chi_x - 1 + \delta. \qquad (2.36)$$

Dieses Gleichungssystem enthält die sechs Parameter χ_x, η, α, δ, B und β sowie die fünf Gleichgewichtswerte c, i, h, k und y der Modellvariablen. Das langfristige Wachstumsgleichgewicht dient nicht nur als Bezugspunkt der loglinearen Approxi-

[7] Im weiteren Verlauf des Kapitels bezeichnen Kleinbuchstaben stets wachstumsbereinigte Pro-Kopf-Größen.

mation, sondern stellt auch den Ausgangspunkt der Bestimmung der Parameterwerte in der Real Business Cycle Theorie dar. Man wählt die Parameter auf der Grundlage der Daten einer betrachteten Volkswirtschaft, so daß die Modellökonomie mit den stilisierten Wachstumsfakten konsistent ist. Die Parameter χ_x und η können durch die durchschnittliche Wachstumsraten des Pro-Kopf-Einkommens bzw. der Bevölkerung der jeweiligen Volkswirtschaft fixiert werden. Der Parameter α läßt sich als durchschnittlicher Anteil des Arbeitseinkommens am Gesamteinkommen, der Gleichgewichtswert h als durchschnittlicher Anteil der Arbeitszeit am insgesamt zur Verfügung stehenden Zeitbudget und der Parameter δ als durchschnittliche Abschreibungsrate bestimmen. Ermittelt man weiterhin die durchschnittliche Konsumquote des betrachteten Landes lassen sich die restlichen Größen mit Hilfe der fünf Gleichungen, die das langfristige Wachstumsgleichgewicht beschreiben, ermitteln. Diese für die Real Business Cycle Theorie typische Vorgehensweise wird als Kalibrierung bezeichnet.

2.2.4 Die Lösung des Modells

Im folgenden werden die Nebenbedingungen 2.23-2.26 und Optimalitätsbedingungen 2.28-2.30 an der Stelle des deterministischen, stationären Gleichgewichts loglinearisiert. Das loglineare Differenzengleichungssystem wird dann mit Hilfe der Methode der unbestimmten Koeffizienten gelöst.

Die loglineare Approximation

Die durch ein Dach gekennzeichneten Variablen bezeichnen die relative Abweichung der Größen vom deterministischen, stationären Gleichgewicht [z.B. $\hat{y}_t = dy_t/y \approx \ln y_t - \ln y$]. Betrachtet wird als Beispiel die Kapitalakkumulationsgleichung 2.25[8]:

$$\eta \chi_x k_{t+1} = (1-\delta)k_t + i_t.$$

[8]Die Variablen bezeichnen wachstumsbereinigte Pro-Kopf-Größen, deshalb erscheint χ_x als weiterer Faktor auf der linken Seite.

Bildet man auf beiden Seiten das totale Differential, ergibt sich[9]:

$$\begin{aligned} \eta\chi_x dk_{t+1} &= (1-\delta)dk_t + di_t, \\ \eta\chi_x k \hat{k}_{t+1} &= (1-\delta)k\,\hat{k}_t + i\,\hat{i}_t\,. \end{aligned} \tag{2.37}$$

Die restlichen loglinearisierten Gleichungen lauten:

$$y\,\hat{y}_t = c\,\hat{c}_t + i\,\hat{i}_t, \tag{2.38}$$

$$\hat{y}_t = \hat{z}_t + (1-\alpha)\,\hat{k}_t + \alpha\,\hat{h}_t, \tag{2.39}$$

$$\hat{h}_t = \hat{y}_t - \hat{c}_t, \tag{2.40}$$

$$-\hat{c}_t = E_t\{-\hat{c}_{t+1} + \frac{\beta}{\chi_x}(1-\alpha)\frac{y}{k}(\hat{y}_{t+1} - \hat{k}_{t+1})\}, \tag{2.41}$$

$$\hat{z}_{t+1} = \rho\,\hat{z}_t + \varepsilon_{t+1}. \tag{2.42}$$

Ersetzt man $\hat{h}_t$ in Gleichung 2.39 durch Gleichung 2.40, erhält man:

$$\hat{y}_t = \frac{1}{1-\alpha}\,\hat{z}_t + \hat{k}_t - \frac{\alpha}{1-\alpha}\,\hat{c}_t\,. \tag{2.43}$$

Löst man Gleichung 2.38 nach $\hat{i}_t$ auf und ersetzt $\hat{y}_t$ durch Gleichung 2.43, folgt:

$$\hat{i}_t = \frac{y}{(1-\alpha)i}\,\hat{z}_t + \frac{y}{i}\,\hat{k}_t - \frac{(\alpha y + (1-\alpha)c)}{(1-\alpha)i}\,\hat{c}_t \tag{2.44}$$

Nun kann man $\hat{i}_t$ und $\hat{y}_t$ mit Hilfe der Gleichungen 2.43 und 2.44 in den Gleichungen 2.37 und 2.41 eliminieren und erhält:

$$\hat{k}_{t+1} = \gamma_1\,\hat{k}_t + \gamma_2\,\hat{c}_t + \gamma_3\,\hat{z}_t, \tag{2.45}$$

$$E_t\{\gamma_4\,\hat{c}_{t+1} + \gamma_5\,\hat{z}_{t+1}\} = -\,\hat{c}_t, \tag{2.46}$$

mit

$$\begin{aligned} \gamma_1 &= \frac{k(1-\delta)+y}{\eta\chi_x k}, \\ \gamma_2 &= -\frac{(\alpha y + (1-\alpha)c)}{(1-\alpha)\eta\chi_x k}, \\ \gamma_3 &= \frac{y}{(1-\alpha)\eta\chi_x k}, \end{aligned}$$

[9] Streng genommen müßte hier an Stelle des Gleichheitszeichens das " $\approx$ " Zeichen verwendet werden.

$$\gamma_4 = -(1+\frac{\beta\alpha y}{\chi_x k}),$$
$$\gamma_5 = \frac{\beta y}{\chi_x k}.$$

Die Methode der unbestimmten Koeffizienten

Um das reduzierte Differenzengleichungssystem 2.42, 2.45 und 2.46 zu lösen, wird die Methode der unbestimmten Koeffizienten verwendet. Man postuliert, daß sich $\hat{c}_t$ als lineare Funktion der Variablen $\hat{z}_t$ und $\hat{k}_t$ ausdrücken läßt:

$$\hat{c}_t = e_{ck}\,\hat{k}_t + e_{cz}\,\hat{z}_t, \tag{2.47}$$

wobei die Koeffizienten e_{ck} und e_{cz} als Elastizitäten interpretiert werden können. Lassen sich die Koeffizienten durch Einsetzen von $\hat{c}_t$ in den Gleichungen 2.45 und 2.46 bestimmen, ist das Postulat verifiziert. Gleichung 2.45 lautet dann:

$$\hat{k}_{t+1} = e_{kk}\,\hat{k}_t + e_{kz}\,\hat{z}_t, \tag{2.48}$$

mit

$$e_{kk} = \gamma_1 + \gamma_2 e_{ck}, \tag{2.49}$$
$$e_{kz} = \gamma_2 e_{cz} + \gamma_3. \tag{2.50}$$

In Gleichung 2.46 werden im ersten Schritt $\hat{c}_t$ und $\hat{c}_{t+1}$ durch Gleichung 2.47 und im zweiten Schritt $\hat{k}_{t+1}$ durch Gleichung 2.48 und $E_t\{\hat{z}_{t+1}\}$ durch $\rho\,\hat{z}_t$ aus Gleichung 2.42 ersetzt:

$$E_t\{\gamma_4 e_{ck}\,\hat{k}_{t+1} + (\gamma_4 e_{cz} + \gamma_5)\,\hat{z}_{t+1}\} = -e_{ck}\,\hat{k}_t - e_{cz}\,\hat{z}_t,$$
$$\gamma_4 e_{ck} e_{kk}\,\hat{k}_t + \gamma_4 e_{ck} e_{kz}\,\hat{z}_t + (\gamma_4 e_{cz} + \gamma_5)\rho\,\hat{z}_t = -e_{ck}\,\hat{k}_t - e_{cz}\,\hat{z}_t,$$
$$(e_{ck} + \gamma_4 e_{ck} e_{kk})\,\hat{k}_t + (e_{cz} + \gamma_4 e_{ck} e_{kz} + (\gamma_4 e_{cz} + \gamma_5)\rho)\,\hat{z}_t = 0. \tag{2.51}$$

Da Gleichung 2.51 für alle Werte von $\hat{k}_t$ und $\hat{z}_t$ im Optimum erfüllt sein muß, gilt:

$$e_{ck} + \gamma_4 e_{ck} e_{kk} = 0, \tag{2.52}$$
$$e_{cz} + \gamma_4 e_{ck} e_{kz} + (\gamma_4 e_{cz} + \gamma_5)\rho = 0. \tag{2.53}$$

Die Elastizität e_{kk} kann unter Berücksichtigung der Gleichungen 2.49 und 2.52 zwei Werte annehmen:

$$\begin{aligned} e_{kk,1} &= -\frac{1}{\gamma_4} = \frac{1}{1+\frac{\beta\alpha y}{\chi_x k}}, \quad \text{für } e_{ck} \neq 0, \\ e_{kk,2} &= \gamma_1 = \frac{k(1-\delta)+y}{\eta\chi_x k}, \quad \text{für } e_{ck} = 0. \end{aligned}$$

Das Produkt der beiden Größen ergibt unter Berücksichtigung der Gleichung 2.33:

$$e_{kk,1}e_{kk,2} = \frac{1}{\beta\eta} > 1.$$

Da $e_{kk,1}$ kleiner als eins ist, muß $e_{kk,2}$ größer als eins sein und kommt daher als Lösung nicht in Betracht. Ein Wert für e_{kk}, der größer als eins ist, impliziert eine instabile Differenzengleichung 2.48 und verletzt damit die Transversalitätsbedingung 2.31. Setzt man $e_{kk} = -1/\gamma_4$ in Gleichung 2.49 ein, erhält man:

$$e_{ck} = -\frac{(1+\gamma_1\gamma_4)}{\gamma_2\gamma_4}.$$

Die Elastizitäten e_{kz} und e_{cz} können mit Hilfe der Gleichungen 2.50 und 2.53 bestimmt werden:

$$\begin{aligned} e_{kz} &= \frac{\gamma_3 + \gamma_3\gamma_4\rho - \gamma_5\rho}{\gamma_1\gamma_4 + \gamma_4\rho}, \\ e_{cz} &= \frac{\gamma_3 + \gamma_3\gamma_4\rho - \gamma_5\rho}{\gamma_1\gamma_2\gamma_4 + \gamma_2\gamma_4\rho} - \frac{\gamma_3}{\gamma_2}. \end{aligned}$$

Die Lösung der Gleichungen 2.42 und 2.48 lautet:

$$\hat{k}_t = e_{kk}^t \, \hat{k}_0 + \sum_{s=0}^{t-1} e_{kk}^s e_{kz} \, \hat{z}_{t-s}, \tag{2.54}$$

$$\hat{z}_t = \rho^t \, \hat{z}_0 + \sum_{s=0}^{t-1} \rho^s \varepsilon_{t-s}. \tag{2.55}$$

Mit Hilfe der Gleichungen 2.40, 2.43, 2.44 und 2.47 können dann $\hat{c}_t$, $\hat{y}_t$, $\hat{i}_t$ und $\hat{h}_t$ bestimmt werden, und das Modell ist gelöst. Mit Hilfe eines Zufallsgenerators kann unter Beachtung der unterstellten Verteilung für ε_t eine Folge von Zufallszahlen $\{\varepsilon_t\}_{t=0}^T$ produziert werden. Wenn das Modell vollständig parametrisiert ist, können die entsprechenden Zeitreihen der Modellvariablen bestimmt werden. Bevor man die zweiten Momente berechnet, werden die Daten mit dem Hodrick-Prescott Filter bereinigt.

Kapitel 3

Konjunkturzyklen in Deutschland: Ein Modell einer offenen Volkswirtschaft

Seit Beginn der Entwicklung realer Konjunkturmodelle im Sinne von Kydland und Prescott (1982) sowie Long und Plosser (1983) ist die überwiegende Anzahl der Modelle mit Hilfe von US Daten kalibriert und anhand der stilisierten Fakten für die USA evaluiert worden. Dabei fanden außenwirtschaftliche Faktoren nur selten Beachtung, da die USA stets als geschlossene Volkswirtschaft modelliert wurden. Anfang der neunziger Jahre sind in zunehmendem Maß Studien erschienen, die sich explizit mit den kennzeichnenden Elementen internationaler Konjunkturzyklen beschäftigt haben. Diese neue Forschungsrichtung kann grob in zwei Gebiete unterteilt werden: Zum einen in anwendungsorientierte Studien, die untersuchen, inwiefern entsprechend kalibrierte Konjunkturmodelle die stilisierten Fakten anderer Länder zu replizieren vermögen. Diese Arbeiten greifen zumeist auf das Konstrukt einer kleinen, offenen Volkswirtschaft zurück, in der ein Teil der makroökonomischen Größen, z.B. der Weltmarktzins, als gegeben betrachtet wird. Zum anderen sind Modelle für mehrere Länder, insbesondere Zwei-Länder-Modelle entwickelt worden, die es neben der Betrachtung außenwirtschaftlicher Größen auch erlauben, die Interdependenz von inländischen, makroökonomischen Variablen, wie z.B. des Inlandsprodukts oder des Konsums verschiedener Länder über den Konjunkturzyklus zu untersuchen.

In diesem Kapitel wird ein Konjunkturmodell für eine offene Volkswirtschaft vorgestellt und anschließend analysiert, ob die Resultate des mit Hilfe westdeutscher Daten kalibrierten Modells mit den empirischen Fakten für Westdeutschland übereinstimmen. Aus theoretischer Sicht wäre es erstrebenswert, diese Untersuchung im Rahmen eines einfachen Zwei-Länder-Modells durchzuführen, in dem Deutschland das eine und ein Aggregat der restlichen Industriestaaten das andere Land repräsentiert. Als Modellstruktur kann man hier auf die in den Arbeiten von Backus et al. (1992), Baxter und Crucini (1993) oder Baxter (1995) entwickelten Typen zurückgreifen. Allerdings erweist es sich als außerordentlich schwierig, für ein Aggregat von verschiedenen Staaten Parameter in der für die moderne Konjunkturtheorie charakteristischen Art und Weise zu kalibrieren. Deshalb wird hier das Modell für eine offene Volkswirtschaft gewählt. Anwendungsorientierte Versionen kleiner, offener Volkswirtschaften sind in den Studien von Mendoza (1991), Cardia (1991), Lundvik (1992) und Correia et al. (1995) enthalten. Mendoza (1991) zeigt in seiner Arbeit, daß ein Konjunkturmodell einer kleinen, offenen Volkswirtschaft in der Lage ist, die konjunkturellen Fakten von Kanada zu replizieren. Dies gilt insbesondere auch für die spezifisch außenwirtschaftlichen Fakten, das antizyklische Verhalten der Handelsbilanz sowie eine signifikant positive Korrelation zwischen inländischer Ersparnis und Investitionen. Cardia (1991) untersucht hingegen die unterschiedliche Wirkung von Produktivitätsschocks im Vergleich zu geld- und fiskalpolitischen Schocks im Rahmen eines Konjunkturmodells für eine kleine, offene Volkswirtschaft. Sie kommt zu dem Ergebnis, daß der quantitative Effekt geld- und fiskalpolitischer Schocks auf die Volatilität der makroökonomischen Variablen deutlich geringer ist als der quantitative Effekt von Produktivitätsschocks. Lundvik (1992) und Correia et al. (1995) kalibrieren ihre Modelle mit Hilfe schwedischer bzw. portugiesischer Daten und gelangen zu dem Fazit, daß ihre Resultate mit den konjunkturellen Fakten dieser Länder konsistent sind.

Die Annahme einer kleinen Volkswirtschaft, derzufolge internationale Preise als gegeben betrachtet werden können, erscheint für Deutschland im Gegensatz zu Kanada, Portugal oder Schweden eher unrealistisch. Aus diesem Grund wird der hier betrachteten, relativ großen, offenen Volkswirtschaft ein Einfuß auf den einzigen internationalen Preis des Modells, den Weltmarktzins, eingeräumt. Dazu wird ein negativer Zusammenhang zwischen dem Zins und dem Bestand ausländischer Anleihen in der betrachteten Volkswirtschaft unterstellt. Das bedeutet, daß der Rest der Welt nicht bereit ist, zu einem gegebenem Zins Güter in unlimitierter Höhe zu leihen bzw. zu verleihen. Stattdessen erhöht sich der zu zahlende Zins, je größer die aggregierte Auslandsverschuldung der betrachteten Volkswirtschaft ausfällt, bzw. es sinkt der Zins, wenn die aggregierten Forderungen gegenüber dem Rest der Welt steigen. Eine große, offene Volkswirtschaft zeichnet sich demnach dadurch aus, daß ihr international eine gewisse Marktmacht eingeräumt wird.

Das Kapitel wird folgendermaßen gegliedert. Im Abschnitt 3.1 werden die stilisierten Fakten deutscher Konjunkturzyklen für den Zeitraum von 1968-1993 präsentiert. Im Abschnitt 3.2 wird das Konjunkturmodell für eine offene Volkswirtschaft in Form eines stochastischen, dynamischen allgemeinen Gleichgewichtsmodells vorgestellt. Außerdem werden das Wettbewerbsgleichgewicht und das deterministische, stationäre Gleichgewicht bestimmt. Der Abschnitt 3.3 beschäftigt sich mit der Parametrisierung des Modells. Im Abschnitt 3.4 werden die Resultate des Basismodells vorgestellt. Desweiteren wird die Sensitivität der Resultate hinsichtlich einer Variation ausgewählter Parameter untersucht. Der Abschnitt 3.5 faßt die Ergebnisse des Kapitels zusammen.

3.1 Die stilisierten Fakten

In diesem Abschnitt werden die stilisierten Fakten deutscher Konjunkturzyklen präsentiert, die auf der Grundlage westdeutscher, saisonbereinigter Quartalsdaten des Zeitraums 1968-1993 für maßgebliche, makroökonomische Größen bestimmt wurden. Betrachtet werden das Bruttoinlandsprodukt, der private Verbrauch, der Staatsverbrauch, die Beschäftigung, die Investitionen, die Ersparnis und das Verhältnis von Nettoexporten bzw. der Handelsbilanz zum Bruttoinlandsprodukt[1]. Die Trendbereinigung der bis auf die Handelsbilanz logarithmierten Daten wird mit Hilfe des Hodrick-Prescott (1980) Filters vollzogen. Für die zyklische Komponente der Variablen werden dann die Standardabweichung, die Autokorrelation und die Kreuzkorrelationen mit der zyklischen Komponente des Bruttoinlandsprodukts berechnet. Die stilisierten Fakten der Konjunkturforschung beziehen sich auf diese statistischen Größen und dienen als Bewertungsmaßstab des theoretischen Modells, d.h. es wird untersucht, inwiefern das Modell in der Lage ist, diese Fakten zu replizieren.

Stilisierte Fakten für Westdeutschland sind in den Studien von Brandner und Neusser (1992), Fiorito und Kollintzas (1994), Backus et al. (1995) und Baxter (1995) enthalten, wobei sich diese Arbeiten durch eine unterschiedliche Auswahl der makroökonomischen Größen sowie verschiedene Zeitperioden unterscheiden.

[1] Im weiteren Verlauf werden die Daten der Variablen logarithmiert, um den Effekt unterschiedlicher Niveaus auf die statistischen Maße zu beseitigen. Für die Nettoexporte bzw. die Handelsbilanz kann man negative Werte im Zeitablauf nicht ausschließen, daher ist eine Logarithmierung nicht möglich. Stattdessen werden die Nettoexporte zu jeweiligen Preisen durch das Bruttoinlandsprodukt dividiert. Im Text wird im folgenden vereinfachend von Nettoexporten bzw. der Handelsbilanz gesprochen.

Tabelle 3.1: Standardabweichungen und Autokorrelationen der makroökonomischen Variablen in Westdeutschland, 1968:1-1993:4.

	Standardabweichung sd(X) in Prozent		Autokorrelation der Variablen (X)
Variable (X)	sd(X)	sd(X)/sd(Y)	
BIP (Y)	1.53	1	0.85
Privater Verbrauch	1.35	0.88	0.84
Staatsverbrauch	1.06	0.69	0.74
Investitionen	4.01	2.62	0.87
Ersparnis	4.16	2.72	0.83
Beschäftigung	1.00	0.65	0.87
Nettoexporte/BIP	0.83	0.54	0.80

Anmerkung: Die zweiten Momente der Variablen wurden auf der Grundlage Hodrick-Prescott-gefilterter Daten (λ=1600) berechnet. Bis auf das Verhältnis der Nettoexporte zum BIP sind die Daten vorher logarithmiert worden.

In Tabelle 3.1 werden die Standardabweichungen der oben aufgelisteten Variablen, das Verhältnis ihrer Standardabweichungen zu der des Bruttoinlandsprodukts und die Autokorrelationen der Variablen präsentiert. Tabelle 3.2 enthält die Kreuzkorrelationen der Variablen und des Inlandsprodukts, und die Kreuzkorrelationen zwischen inländischer Ersparnis und Investitionen. Bis auf die gesamtwirtschaftliche Beschäftigung, die der Datenbank *Statis-Bund* des Statistischen Bundesamtes entnommen worden ist, stammen die Daten aus den *Main Economic Indicators* der OECD. Die inländische Ersparnis ist wie bei Feldstein und Horioka (1980) als Differenz von Bruttosozialprodukt und Summe des privaten und öffentlichen Verbrauchs berechnet worden. Außerdem ist die gesamtwirtschafliche Beschäftigung anstatt der insgesamt geleisteten Arbeitsstunden gewählt worden, da letztere nur für den industriellen Sektor zur Verfügung stehen. Erfahrungen aus den USA zeigen, daß die Arbeitsstunden im industriellen Sektor deutlich volatiler sind als der sektorale Durchschnitt. Desweiteren ist bei dem noch folgenden Vergleich mit den theoretischen Resultaten zu berücksichtigen, daß der private und öffentliche Verbrauch auch langlebige Konsumgüter enthält, die während des Quartals nicht vollständig verbraucht werden[2].

Tabelle 3.1 zeigt, daß der private Verbrauch schwächer als das Inlandsprodukt schwankt, während die Investitionen fast dreimal so volatil sind. Beschäftigung,

[2] Langlebige Konsumgüter wie z.B. Fernseher, Kühlschränke etc. sollten aus theoretischer Sicht den Investitionsgütern zugerechnet werden. Allerdings ist dies aufgrund fehlender Daten für Westdeutschland nicht möglich.

Tabelle 3.2: Die Kreuzkorrelationen zwischen den Variablen und dem BIP, sowie zwischen der Ersparnis und den Investitionen in Westdeutschland, 1968:1-1993:4.

	j								
	-4	-3	-2	-1	0	1	2	3	4
Variable (X)	Kreuzkorrelationen zwischen den Variablen $X(t)$ und dem BIP(t+j)								
Privater Verbrauch	0.21	0.37	0.52	0.63	0.77	0.71	0.62	0.53	0.35
Staatsverbrauch	0.40	0.33	0.21	0.16	0.09	-0.09	-0.17	-0.28	-0.39
Investitionen	0.23	0.43	0.60	0.75	0.86	0.76	0.65	0.56	0.31
Ersparnis	0.01	0.31	0.55	0.74	0.87	0.73	0.55	0.32	0.07
Beschäftigung	0.56	0.70	0.77	0.78	0.73	0.53	0.31	0.09	-0.12
Nettoexporte/BIP	-0.01	-0.05	-0.09	-0.13	-0.20	-0.29	-0.37	-0.43	-0.43
	Kreuzkorrelationen zwischen der Ersparnis (t) und den Investitionen (t+j)								
	0.18	0.35	0.46	0.55	0.61	0.52	0.39	0.25	0.08

Anmerkung: Die zweiten Momente der Variablen wurden auf der Grundlage Hodrick-Prescott-gefilterter Daten (λ=1600) berechnet. Bis auf das Verhältnis der Nettoexporte zum BIP sind die Daten vorher logarithmiert worden.

Staatsverbrauch und Nettoexporte schwanken wiederum schwächer als das Inlandsprodukt. Die Ersparnis ist deutlich volatiler als das Inlandsprodukt und sogar etwas volatiler als die Investitionen. Die Autokorrelation der Variablen ist hoch, die Werte liegen durchgängig oberhalb von 0.74.

Tabelle 3.2 zeigt, daß sich alle Variablen prozyklisch zum Inlandsprodukt verhalten, bis auf die Nettoexporte bzw. die Handelsbilanz, deren kontemporäre Korrelation mit dem Inlandsprodukt -0.20 beträgt. Die kontemporäre Korrelation zwischen der inländischen Ersparnis und den Investitionen ist positiv und lautet 0.61. Ein Modell einer offenen Volkswirtschaft für Deutschland sollte in der Lage sein, diese empirischen Fakten zu replizieren. Dabei gilt das Interesse insbesondere den für eine offene Volkswirtschaft spezifischen Fakten, nämlich einer signifikant positiven Korrelation zwischen inländischer Ersparnis und Investitionen und einer antizyklischen Handelsbilanz.

3.2 Das Modell

Die betrachtete Volkswirtschaft setzt sich aus einer großen Anzahl M identischer Haushalte zusammen, deren Existenz zeitlich unbegrenzt ist. Die Bevölkerung N_t wächst mit der konstanten Rate η. Es wird ein homogenes, handelbares Gut produziert, das sowohl konsumiert als auch investiert werden kann.

3.2.1 Das repräsentative Unternehmen

Das homogene, international handelbare Gut kann mit Hilfe der folgenden Cobb-Douglas-Technologie produziert werden:

$$Y_t = F(K_t, H_t) = Z_t K_t^{1-\alpha}(X_t H_t)^{\alpha}. \tag{3.1}$$

Die Variable K_t stellt den eingesetzten Kapitalstock dar, H_t steht für den aggregierten Arbeitseinsatz und X_t repräsentiert den arbeitsvermehrenden technischen Fortschritt. Es wird unterstellt, daß X_t mit der Rate χ_x wächst. Die Variable Z_t verkörpert die stochastische Komponente des Produktionsprozesses. Für den natürlichen Logarithmus von Z_t wird angenommen, daß er sich durch einen stationären autoregressiven Prozeß erster Ordnung darstellen läßt:

$$\ln Z_t = \rho \ln Z_{t-1} + \varepsilon_t, \qquad \varepsilon_t \sim N(0, \sigma^2). \tag{3.2}$$

Die Kapitalakkumulation verläuft entsprechend dem folgenden Bewegungsgesetz:

$$K_{t+1} = (1-\delta)K_t + \Phi(\frac{I_t}{K_t})K_t, \qquad \Phi' > 0,\ \Phi'' < 0, \tag{3.3}$$

wobei I_t die Investitionen bezeichnet und die konkave, zweimal stetig differenzierbare Funktion $\Phi(\frac{I_t}{K_t})$ die Anpassungskosten der Investitionen beschreibt. In Anlehnung an Baxter und Crucini (1993), sowie Correia et al. (1995) werden zwei weitere Eigenschaften der Anpassungskostenfunktion unterstellt, durch die gewährleistet wird, daß im stationären Gleichgewicht keine Anpassungskosten auftreten: $\Phi(I/K) = I/K$ und $\Phi'(I/K) = 1$. Der Parameter δ stellt die Abschreibungsrate dar. Die Unternehmen dieser Modellökonomie besitzen den Kapitalstock und bestimmen die Investitionen und die inländische Arbeitsnachfrage, um den Erwartungswert V der diskontierten Zahlungsüberschüsse zu maximieren:

$$V = E\{\sum_{t=0}^{\infty} \varrho_t(Y_t - I_t - w_t H_t)\}, \tag{3.4}$$

wobei w_t den Reallohn und ϱ_t den Diskontfaktor für Zahlungsüberschüsse der Periode t bezeichnet. Die Lagrangefunktion des repräsentativen Unternehmens lautet:

$$
\begin{aligned}
L^f &= E\{\sum_{t=0}^{\infty} \varrho_t[(Z_t K_t^{1-\alpha}(X_t H_t)_t^\alpha - I_t - w_t H_t) \\
&\quad + q_t((1-\delta)K_t + \Phi(\frac{I_t}{K_t})K_t - K_{t+1})]\}.
\end{aligned} \tag{3.5}
$$

Differenziert man die Lagrangefunktion nach H_t, I_t und K_{t+1}, erhält man als notwendige Bedingungen erster Ordnung:

$$w_t = Z_t \alpha K_t^{1-\alpha}(X_t H_t)^{\alpha-1} X_t, \tag{3.6}$$

$$q_t = \frac{1}{\Phi'(\frac{I_t}{K_t})}, \tag{3.7}$$

$$
\begin{aligned}
q_t &= E_t\{\frac{\varrho_{t+1}}{\varrho_t}[(1-\alpha)Z_{t+1}K_{t+1}^{-\alpha}(X_{t+1}H_{t+1})^\alpha \\
&\quad + q_{t+1}(\Phi(\frac{I_{t+1}}{K_{t+1}}) - \Phi'(\frac{I_{t+1}}{K_{t+1}})\frac{I_{t+1}}{K_{t+1}} + (1-\delta)]\}.
\end{aligned} \tag{3.8}
$$

Gleichung 3.6 ist die bekannte Optimalitätsbedingung, die besagt, daß der Reallohn der Grenzproduktivität der Arbeit entsprechen muß. Der Lagrangemultiplikator q_t entspricht dem Tobinschen marginalen q und ist nach Gleichung 3.7 der Marktpreis einer zusätzlichen Einheit des Kapitalstocks. Gleichung 3.8 ist die intertemporale Effizienzbedingung der Unternehmen. Der Preis eines Kapitalguts zum Zeitpunkt t muß demnach mit der diskontierten Summe des marginalen Grenzprodukts einer Kapitaleinheit, des marginalen Beitrags bezogen auf die Anpassungskosten zum Zeitpunkt $t+1$ und des Wiederverkaufswerts der abschreibungsbereinigten Kapitaleinheit übereinstimmen. Das marginale q entspricht hier dem durchschnittlichen q, da sowohl die Produktionsfunktion $F(K_t, H_t)$ als auch die Funktion $\Phi(I_t/K_t)K_t$ linear homogen sind[3], d.h. es gilt:

$$V_{t+1} = q_t K_{t+1}. \tag{3.9}$$

Schließlich muß das repräsentative Unternehmen im Optimum noch die folgende

[3] Vgl. Hayashi (1992).

Transversalitätsbedingung einhalten:

$$\lim_{n\to\infty} E \prod_{t=0}^{n} \varrho_t q_n K_{n+1} = 0. \tag{3.10}$$

3.2.2 Der internationale Kapitalmarkt

Neben den inländischen Firmenanteilen können die Haushalte ausländische Anleihen B_t auf einem internationalen, kompetitiven Kapitalmarkt erwerben. Eine in Periode $t-1$ erworbene Anleihe B_t führt zu der Lieferung eines Guts in Periode t, d.h. es werden ausschließlich einperiodige Anleihen gehandelt. Der Preis einer in Periode t erworbenen Anleihe B_{t+1} lautet $p_t^b = (1+r_t)^{-1}$, wobei r_t den Weltmarktzins bezeichnet. Die Bewegungsgleichung des aggregierten Bestands ausländischer Anleihen in der betrachteten Volkswirtschaft lautet:

$$p_t^b B_{t+1} = B_t + TB_t, \tag{3.11}$$

wobei TB_t die Handelsbilanz bezeichnet. In den Modellen kleiner, offener Volkswirtschaften wird der Preis ausländischer Anleihen p_t^b bzw. der Weltmarktzins r_t als exogene Größe behandelt, da unterstellt wird, daß der Einfluß einer kleinen offenen Volkswirtschaft auf die weltweite Ersparnis vernachlässigbar sei. Diese Annahme erscheint für Westdeutschland in der betrachteten Zeitperiode unrealistisch, da der deutsche Anteil am Bruttoinlandsprodukt sämtlicher OECD Staaten in diesem Zeitraum durchschnittlich 9% betragen hat[4]. Aus diesem Grund wird hier eine Modifikation eingeführt, die den Einfluß eines relativ großen Landes auf den Weltmarktzins beschreibt. Es wird unterstellt, daß der Weltmarktzins r_t vom aggregierten Bestand in Periode t erworbener ausländischer Anleihen B_{t+1} in der betrachteten Volkswirtschaft abhängt. Das bedeutet, daß der Rest der Welt nicht bereit ist, zu einem gegebenem Zins Güter in unlimitierter Höhe zu leihen bzw. zu verleihen. Stattdessen erhöht sich der zu zahlende Zins, je größer die aggregierte Auslandsverschuldung der betrachteten Volkswirtschaft ausfällt, bzw. es sinkt der Zins, wenn die aggregierten Forderungen gegenüber dem Rest der Welt steigen. Demnach wird r_t als fallende, stetig differenzierbare Funktion in Abhängigkeit von B_{t+1} modelliert.

[4]Dieser Wert ist für den Zeitraum 1968-1993 mittels der Daten der OECD *Main Eocnomic Indicators* bestimmt worden.

3.2.3 Der repräsentative Haushalt

Jedes Haushaltsmitglied verfügt über ein gegebenes Zeitbudget, das in Freizeit l_t und in Arbeitszeit h_t aufgeteilt werden kann[5]. Das Zeitbudget wird auf eins normiert, d.h. $l_t + h_t = 1$. Das Anfangsvermögen der Haushaltsmitglieder setzt sich aus dem Bestand an ausländischen Anleihen b_0 und dem Bestand an inländischen Firmenanteilen s_0 zusammen. Der erwartete Lebenszeitnutzen des repräsentativen Haushalts, definiert über Konsum c_t und Arbeitszeit h_t, lautet:

$$\begin{aligned} U &= E\{\sum_{t=0}^{\infty} \beta^t \frac{N_t}{M} \frac{(c_t - \psi X_t h_t^v)^{1-\gamma}}{1-\gamma}\}, \\ \text{oder mit } N_0/M &\equiv 1, \\ U &= E\{\sum_{t=0}^{\infty} (\beta\eta)^t \frac{(c_t - \psi X_t h_t^v)^{1-\gamma}}{1-\gamma}\}, \qquad (3.12) \\ \beta &> 0, \quad \gamma > 0, \quad \psi > 0, \quad v > 1. \end{aligned}$$

Der Parameter β verkörpert die subjektive Diskontrate des Haushalts, ψ gewichtet die Nutzenminderung durch geleistete Arbeitszeit, γ ist der Koeffizient der relativen Risikoaversion und v bestimmt die Arbeitsangebotselastizität $1/(v-1)$ des Haushalts. Die gewählte Nutzenfunktion ist von Greenwood et al. (1988) eingeführt worden. Diese Art der Nutzenfunktion führt dazu, daß die Wahl der Arbeitszeit und die intertemporale Konsum-Ersparnis-Entscheidung unabhängig voneinander getroffen werden. Um zu gewährleisten, daß auch diese Form der Präferenzen eine konstante Arbeitszeit im stationären Gleichgewicht garantiert, muß das Arbeitsleid mit der Rate des technischen Fortschritts X_t wachsen. Diese Annahme läßt sich dahingehend interpretieren, daß der Haushalt seine Freizeit zur Produktion von nicht näher erörterten Haushaltsgütern nutzt und sich der private Haushaltsproduktionsprozeß ebenfalls durch technischen Fortschritt auszeichnet. Von Correia et al. (1995) ist gezeigt worden, daß diese spezifische Nutzenfunktion eine wichtige Rolle in den Modellen offener Volkswirtschaften im Hinblick auf die intertemporalen Konsum-Ersparnis-Entscheidungen spielt. Die Budgetbeschränkung des repräsentativen Haushalts lautet:

$$\eta(p_t^b b_{t+1} + p_t^s s_{t+1}) = b_t + (p_t^s + d_t)s_t + w_t h_t - c_t - \tau_t. \qquad (3.13)$$

[5]Kleinbuchstaben repräsentieren Pro-Kopf-Größen.

Der Preis des homogenen Guts ist auf eins normiert worden, p_t^b bezeichnet den Preis der einperiodigen, ausländischen Anleihen, p_t^s steht für den Preis inländischer Firmenanteile, d_t ist die reale Dividende pro Firmenanteil, und τ_t verkörpert eine Kopfsteuer. Die Lagrangefunktion des repräsentativen Haushalts läßt sich dann wie folgt formulieren:

$$\begin{aligned} L^h &= E\{\sum_{t=0}^{\infty}(\beta\eta)^t[\frac{(c_t-\psi X_t h_t^v)^{1-\gamma}}{1-\gamma} \\ &\quad -\lambda_t[\eta(p_t^b b_{t+1}+p_t^s s_{t+1}) \\ &\quad -b_t-(p_t^s+d_t)s_t-w_t h_t+c_t+\tau_t]]\}. \end{aligned} \tag{3.14}$$

Differenziert man die Lagrangefunktion nach c_t, h_t, b_{t+1} und s_{t+1}, erhält man als notwendige Bedingungen erster Ordnung:

$$\lambda_t = (c_t-\psi X_t h_t^v)^{-\gamma}, \tag{3.15}$$

$$w_t = v\psi X_t h_t^{v-1}, \tag{3.16}$$

$$\lambda_t p_t^b = \beta E_t \lambda_{t+1}, \tag{3.17}$$

$$\lambda_t p_t^s = \beta E_t \lambda_{t+1}(p_{t+1}^s+d_{t+1}). \tag{3.18}$$

Die Gleichung 3.16 stellt die intratemporale Effizienzbedingung des Haushalts dar und die Gleichungen 3.17-3.18 enthalten die intertemporalen Optimalitätsbedingungen erster Ordnung. Um zu verhindern, daß sich der Haushalt gegenüber dem Ausland verschuldet und die daraufhin anfallenden Zinsen durch weitere Verschuldung finanziert, muß er zusätzlich die folgende Bedingung einhalten[6]:

$$\lim_{n\to\infty} E\prod_{t=0}^{n}(1+r_t)^{-1}\eta^n b_n = 0. \tag{3.19}$$

3.2.4 Der Staat

Der staatliche Sektor ist in diesem Modell nur von untergeordneter Bedeutung und spielt im weiteren Verlauf lediglich bei der Parametrisierung eine Rolle. Das Staatsbudget ist in jeder Periode ausgeglichen, die Staatsausgaben werden durch die vom

[6] Diese Bedingung wird in der Literatur häufig als *No-Ponzi-Game* Bedingung bezeichnet, vgl. Blanchard und Fisher (1994).

Staat erhobene Kopfsteuer finanziert. Weiterhin wird unterstellt, daß die Staatsausgaben einen konstanten Anteil am Bruttoinlandsprodukt darstellen und den Nutzen der Haushalte nicht berühren:

$$G_t = N_t \tau_t = g_y Y_t. \tag{3.20}$$

3.2.5 Das Wettbewerbsgleichgewicht

Das dezentrale, kompetitive Gleichgewicht der hier vorgestellten Modellökonomie muß nicht notwendigerweise auch Pareto-optimal sein. Dies ist auf die Annahme zurückzuführen, nach der der Weltmarktzins durch den aggregierten Bestand ausländischer Anleihen der betrachteten Volkswirtschaft beeinflußt wird. Ein zentraler Planer würde diesen Aspekt berücksichtigen, während der einzelne Haushalt den internationalen Zins als gegeben betrachtet. Deshalb kann in diesem Fall das Konstrukt eines zentralen Planers nicht angewendet werden, um die Wettbewerbssallokation zu bestimmen. Stattdessen werden die Gleichgewichtsbedingungen direkt für die dezentrale Version des Modells determiniert. Das Wettbewerbsgleichgewicht ist dabei wie folgt definiert:

Ein kompetitives Gleichgewicht besteht aus der Allokation des repräsentativen Haushalts $\{c_t, h_t, b_t, s_t\}_{t=0}^{\infty}$*, aus der Allokation des repräsentativen Unternehmens* $\{Y_t, H_t, K_t, I_t\}_{t=0}^{\infty}$ *und einer Folge von Preisen* $\{w_t, r_t, q_t\}_{t=0}^{\infty}$*, so daß gilt:*

1. *Unter Beachtung der Preisfolge* $\{w_t, r_t, q_t\}_{t=0}^{\infty}$ *stellt die Allokation des repräsentativen Haushalts eine Lösung seines Maximierungsproblems dar.*

2. *Unter Beachtung der Preisfolge* $\{w_t, r_t, q_t\}_{t=0}^{\infty}$ *stellt die Allokation des repräsentativen Unternehmens eine Lösung ihres Maximierungsproblems dar.*

3. *Sämtliche Märkte sind geräumt:*

$$\begin{aligned} N_t h_t &= H_t, \\ N_t b_t &= B_t, \\ N_t p_t^s s_t &= q_t K_{t+1}, \\ Y_t &= C_t + I_t + G_t + TB_t. \end{aligned}$$

Die das Wettbewerbsgleichgewicht charkterisierenden Optimalitätsbedingungen der repräsentativen Firma und des repräsentativen Haushalts und die Budgetrestriktionen stellen ein nichtlineares Differenzengleichungssystem dar, das sich nicht analytisch lösen läßt. Deshalb wird eine loglineare Approximation des Systems an der Stelle des deterministischen, stationären Gleichgewichts vorgenommen. Das loglinearisierte Differenzengleichungssystem kann dann mit Hilfe von Standardmethoden gelöst werden[7].

3.2.6 Das deterministische, stationäre Gleichgewicht

Um die Konstanz der Variablen im deterministischen, stationären Gleichgewicht zu gewährleisten, werden zunächst alle aggregierten Variablen bis auf den Arbeitseinsatz sowohl durch die Rate des technischen Fortschritts χ_x^t als auch durch die Wachstumsrate der Bevölkerung η^t dividiert[8]. Die stochastische Komponente Z_t wird gleich eins gesetzt. Das deterministische, stationäre Gleichgewicht wird dann durch die folgenden Gleichungen charakterisiert[9]:

$$
\begin{aligned}
\chi_x^\gamma &= \beta(1+r(b)), && (3.21)\\
\frac{i}{k} &= \eta\chi_x - 1 + \delta, && (3.22)\\
h &= (\frac{\alpha y}{\upsilon\psi})^{\frac{1}{\upsilon}}, && (3.23)\\
(1-\alpha)\frac{y}{k} &= r(b) + \delta, && (3.24)\\
y &= k^{1-\alpha}h^\alpha, && (3.25)\\
y &= c + i + g + tb, && (3.26)\\
\frac{tb}{b} &= \frac{\eta\chi_x}{1+r(b)} - 1. && (3.27)
\end{aligned}
$$

[7] Vgl. King et al. (1987) oder Uhlig (1995). In diesem Kapitel ist das Verfahren von King et al. (1987) angewendet und in GAUSS 3.0 programmiert worden.

[8] Der aggregierte Arbeitseinsatz wird lediglich durch die Wachstumsrate der Bevölkerung dividiert. Im weiteren Verlauf des Kapitels bezeichnen Kleinbuchstaben stets wachstumsbereinigte Pro-Kopf-Größen.

[9] Falls der Weltmarktzins, wie im Fall einer kleinen, offenen Volkswirtschaft konstant ist, $r(b) \equiv r$, ist das deterministische, stationäre Gleichgewicht nicht eindeutig bestimmt, sondern mit jedem Bestand an ausländischen Anleihen kompatibel. Desweiteren wird in diesem Fall stets unterstellt, daß gilt: $\beta = \chi_x^\gamma/(1+r)$.

Die Gleichung 3.21 folgt aus den intertemporalen Effizienzbedingungen des repräsentativen Haushalts und gewährleistet, daß der wachstumsbereinigte Konsum im deterministischen, stationären Gleichgewicht konstant ist. Durch Gleichung 3.22 wird das Verhältnis von Investitionen zum Kapitalstock festgelegt. Gleichung 3.23 fixiert den Anteil der Arbeitszeit am auf eins normierten Zeitbudget im stationären, deterministischen Gleichgewicht. Gleichung 3.24 besagt, daß die Grenzproduktivität des Kapitals hier der Summe des Zinses und der Abschreibungsrate entspricht. Gleichung 3.25 beschreibt die Produktion und Gleichung 3.26 die Budgetbeschränkung im stationären, deterministischen Gleichgewicht. Durch Gleichung 3.27 wird das Verhältnis der Handelsbilanz zum Bestand an ausländischen Anleihen festgelegt. Zusammen beschreiben die Gleichungen 3.21-3.27 den langfristigen Wachstumspfad der betrachteten Modellökonomie und dienen als Grundlage der Kalibrierung des Modells im nächsten Abschnitt.

3.2.7 Die Parametrisierung des Modells

Die Bestimmung der Parameterwerte erfolgt auf zwei verschiedenen Stufen. Zum einen ist ganz bewußt das neoklassische Wachstumsmodell als Ausgangspunkt des hier betrachteten Modells gewählt worden, denn dadurch kann man auf die langfristigen Eigenschaften des Modells zurückgreifen, um einen großen Teil der Parameter zu bestimmen. Diese Vorgehensweise wird als Kalibrierung bezeichnet, denn die Parameter werden nicht im strengen Sinne ökonometrisch geschätzt. Stattdessen wird das Modell in Bezug auf den langfristigen Wachstumspfad geeicht. Zum anderen können nicht alle Parameter auf diesem Weg bestimmt werden. Als typische Kandidaten gelten hier die inter- und intratemporalen Elastizitäten[10]. Hier wird auf empirische Studien zurückgegriffen, in denen diese Größen explizit geschätzt worden sind.

Alle im weiteren Verlauf berechneten Werte beruhen auf westdeutschen Daten des Zeitraums 1968-1993. Die Parameter η und χ_x sind als durchschnittliche, vierteljährliche Wachstumsraten der Bevölkerung bzw. des Pro-Kopf-Inlandsprodukts bestimmt worden, und lauten $\eta = 1.0008$ bzw. $\chi_x = 1.0062$. Für den Anteil h der Arbeitszeit am auf eins normierten Zeitbudget ist ein Wert von $h = 0.19$ er-

[10]Oft wird dieses Problem dadurch umgangen, daß z.B. von vornherein eine logarithmische Nutzenfunktion spezifiziert wird.

rechnet worden. Wie auch bei Correia et al. (1995) ist angenommen worden, daß $7 * 14$ Stunden pro Woche potentiell als Arbeitszeit zur Verfügung stehen, während die durchschnittliche Arbeitswoche 40 Stunden beträgt. Der Wert für h ergibt sich dann als das Produkt der durchschnittlichen Erwerbstätigenrate und dem Faktor $40/(7 * 14)$. Der Parameter $\alpha = 0.64$ ist als Anteil des Arbeitseinkommens am gesamten Einkommen bestimmt worden, wobei unterstellt worden ist, daß das Arbeitseinkommen der Selbstständigen und abhängig Beschäftigten im Durchschnitt übereinstimmt. Für die jeweiligen Quotienten aus privatem Verbrauch, Staatsverbrauch, Investitionen und Nettoexporten dividiert durch das Bruttoinlandsprodukt ergeben sich $c_y = 0.53$, $g_y = 0.19$, $i_y = 0.24$ und $tb_y = 0.04$ als Durchschnittswerte. Die vierteljährliche, durchschnittliche Abschreibungsrate $\delta = 0.01$ wurde bestimmt, indem die Summe der Anlagen-, Ausrüstungs- und Bautenabschreibungen durch die Summe der entsprechenden Bestände dividiert worden ist. Im Modell umfaßt der Kapitalstock u.a. auch langlebige Konsumgüter, denn alle Güter, die nicht innerhalb eines Quartals verbraucht werden, müssen als Kapitalgüter behandelt werden. Folglich sollten die jeweiligen Abschreibungen und Bestände bei der Ermittlung von δ berücksichtigt werden. Dies ist jedoch aufgrund fehlender Daten nicht möglich, deshalb wird $\delta = 0.01$ zunächst als Ausgangswert im Basismodell berücksichtigt und in der darauf folgenden Sensitivitätsanalyse mit anderen Werten für δ experimentiert. Der vierteljährliche, langfristige Weltmarktzins läßt sich als durchschnittliche Nettokapitalrendite mit Hilfe der Gleichungen 3.22 und 3.24 wie folgt ermitteln: $r(b) = (1/i_y)(\eta\chi_x - 1 + \delta)(1 - \alpha) - \delta = 1.55\%$. Bei der Wahl der Parameter $\gamma = 1$ und $v = 2$, welche die intertemporale Substitutionselastizität $1/\gamma$ bzw. die Arbeitsangebotselastizität $1/(v - 1)$ determinieren, ist auf die Studien von Hansen und Singleton (1983), Macurdy (1981) und Skinner (1985) zurückgegriffen worden. Im nächsten Abschnitt wird die Sensitivität des Modells hinsichtlich dieser Parameter überprüft. Aus Gleichung 3.21 erhält man für die subjektive Diskontrate $\beta = \chi_x^\gamma/(1 + r(b)) = 0.99$, während Gleichung 3.23 den Gewichtungsparameter $\psi = 7.47$ der Arbeitszeit in der Nutzenfunktion determiniert[11]. Die Parameter des autoregressiven Prozesses erster Ordnung aus Gleichung 3.2, der die stochastische Komponente des Produktionsprozesses beschreibt, sind mit Hilfe modifizierter Solow-Residuen geschätzt worden. Die Logarithmen der Residuen sind wie folgt

[11] Um den Parameter ψ zu bestimmen, muß auf die Produktionsfunktion 3.25 zurückgegriffen werden, so daß y ersetzt werden kann, $\psi = \frac{\alpha}{v}(\frac{1-\alpha}{r(b)+\delta})^{\frac{1-\alpha}{\alpha}} h^{1-v}$.

berechnet worden:

$$\ln Z_t = \ln Y_t - \alpha \ln H_t - t \ln \chi_x, \tag{3.28}$$

wobei hier das vierteljährliche, reale Bruttoinlandsprodukt und die vierteljährliche, aggregierte Beschäftigung verwendet worden sind. Dabei ist unterstellt worden, daß die vierteljährlichen Schwankungen des Kapitalstocks vernachlässigbar gering sind. Für den Logarithmus $\ln Z_t$ ist dann ein autoregressiver Prozeß erster Ordnung mit dem Autokorrelationsparameter $\rho = 0.93$ und der Standardabweichung der Innovationen $\sigma = 0.0072$ geschätzt worden. Durch die loglineare Approximation der Gleichgewichtsbedingungen und Budgetrestriktionen, die im Anhang des Kapitels enthalten ist, werden die relevanten Eigenschaften der Anpassungskostenfunktion der Investitionen und der Funktion, welche die Abhängigkeit des Weltmarktzinses vom Bestand ausländischer Anleihen beschreibt, durch die Elastizitäten $\epsilon \equiv -\Phi''(i/k)/\Phi'(i/k) * (i/k)$ und $\omega = -r'(b)/r(b) * b$ erfaßt. Für die Elastizität ϵ wird als Ausgangswert im Basismodell $\epsilon = 1/25$ gewählt, der zwischen den von Baxter und Crucini (1993) [1/15] und Correia et al. (1995) [1/30] benutzten Werten liegt. Die Elastizität ω ist besonders schwierig zu bestimmen und wird in der Basiskonfiguration des Modells gleich Null gesetzt, was der Annahme einer kleinen offenen Volkswirtschaft mit konstantem Weltmarktzins entspricht. Anschließend wird dann der Einfluß verschiedener Elastizitäten auf die Ergebnisse des Modells untersucht.

3.3 Die Resultate

In diesem Abschnitt werden zunächst die dynamischen Anpassungsprozesse der betrachteten makroökonomischen Größen des Basismodells diskutiert, die durch einen Technologieschock ausgelöst werden. Für diesen Zweck eignen sich insbesondere die Impuls-Antwort-Funktionen, die die Reaktion der endogenen Variablen des Systems auf eine einmalige Realisation (Impuls) der Innovation ε_t in Höhe eines Prozentpunktes beschreiben. Anschließend werden die Ergebnisse des Basismodells in Form der zweiten Momente präsentiert und mit den empirischen Werten für Deutschland verglichen. Außerdem wird eine Sensitivitätsanalyse der Modellresultate bezüglich der bereits im vorigen Abschnitt erwähnten Parameter durchgeführt.

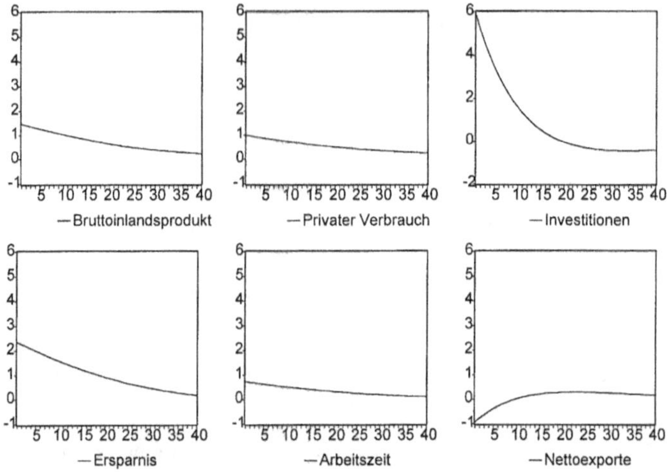

Abildung~3-1: Impuls-Antwort-Funktionen eines Technologieschocks in Höhe von 1%.

3.3.1 Die Impuls-Antwort-Funktionen

In Abbildung 3-1 werden die Impuls-Antwort-Funktionen des Bruttoinlandsprodukts, des privaten Verbrauchs, der Investitionen, der Ersparnis, des Arbeitseinsatzes und der Nettoexporte dargestellt, die aus einem einprozentigen Schock des Technologieniveaus in Periode Null resultieren. In der Abbildung bezeichnet die Abszisse die Perioden nach dem Schock, während an der Ordinate die prozentualen Abweichungen der betrachteten Größen vom stationären Gleichgewicht abgetragen werden.

Abbildung 3-1 zeigt, daß die dynamischen Anpassungsprozesse des Bruttoinlandsprodukts, des privaten Verbrauchs und der Arbeitszeit sehr ähnlich verlaufen, eine hohe Persistenz aufweisen und sich auch in ihrer quantitativen Ausprägung nicht gravierend unterscheiden. Dagegen fallen die Abweichungen der inländischen Ersparnis und insbesondere der Investitionen von ihren Gleichgewichtswerten in der Ausgangsperiode deutlich stärker aus, während der darauf einsetzende Konvergenzprozeß schneller verläuft. Die Nettoexporte sinken in der Ausgangsperiode, da die inländische Ersparnis zunächst nicht ausreicht, um den erhöhten Investitionsbedarf zu decken. Im weiteren Verlauf sinkt das Handelsbilanzdefizit und wandelt sich mittelfristig in einen Handelsbilanzüberschuß, um sich dann wieder seinem Ausgangsgleichgewichtswert zu nähern.

3.3.2 Die Ergebnisse des Basismodells

In diesem Abschnitt werden die Simulationsergebnisse der Basiskonfiguration des Modells präsentiert und den empirischen Fakten für Deutschland gegenübergestellt. Tabelle 3.3 enthält die Standardabweichungen und die Autokorrelationen der betrachteten makroökonomischen Größen. In Tabelle 3.4 werden die Kreuzkorrelationen der Variablen mit dem Bruttoinlandsprodukt und die Kreuzkorrelationen zwischen der inländischen Ersparnis und den Investitionen aufgeführt. Da der Staatsverbrauch als konstanter Anteil des Bruttoinlandsprodukts modelliert worden ist, entsprechen die zweiten Momente des Staatsverbrauchs denen des Bruttoinlandsprodukts und werden daher nicht gesondert aufgeführt.

Tabelle 3.3: Standardabweichungen und Autokorrelationen der makroökonomischen Variablen des Basismodells.

	Standardabweichung sd(X) in Prozent		Autokorrelation der Variablen (X)
Variable (X)	sd(X)	sd(X)/sd(Y)	
BIP (Y)	1.35	1.00	0.69
Privater Verbrauch	0.92	0.68	0.69
Investitionen	5.33	3.95	0.66
Ersparnis	2.17	1.61	0.69
Abeitszeit	0.68	0.50	0.67
Nettoexporte/BIP	0.90	0.66	0.69

Anmerkung: Die zweiten Momente der Variablen sind auf der Grundlage Hodrick-Prescott-gefilterter Daten (λ=1600) berechnet worden. Bis auf das Verhältnis der Nettoexporte zum BIP sind die Daten vorher logarithmiert worden. Das Modell ist fünfzigmal simuliert worden, wobei die Simulationen jeweils 104 Perioden umfassen, um der Anzahl der empirischen Beobachtungen zu entsprechen.

Zunächst zeigt sich, daß die konjunkturellen Schwankungen des Bruttoinlandsprodukts im Basismodell etwas schwächer als in der deutschen Volkswirtschaft ausfallen. Dies läßt sich dahingehend interpretieren, daß Technologieschocks zwar einen großen Teil der Volatilität des Bruttoinlandsprodukts erklären, aber nicht als alleinige Ursache gelten können. Die Fluktuationen des privaten Verbrauchs fallen, wie auch empirisch beobachtet worden ist, geringer als die des Bruttoinlandsprodukts aus. Allerdings ist die relative Volatilität des privaten Verbrauchs bezogen auf die des Inlandsprodukts [0.68] geringer als der entsprechende empirische Wert [0.88]. Diese Abweichung kann dadurch bedingt sein, daß der im Abschnitt der stilisierten Fakten verwendete private Verbrauch auch langlebige Konsumgüter enthält, deren Volatilität in der Regel deutlich höher ausfällt, als die der restlichen Güter des privaten Verbrauchs[12]. Die Investitionen und die inländische Ersparnis schwanken, wie auch in der deutschen Volkswirtschaft, erheblich stärker als das Bruttoinlandsprodukt. Unterschiede zu den empirischen Fakten ergeben sich bei den relativen Standardabweichungen bezogen auf das Bruttoinlandsprodukt. Diese Kennzahl überschreitet bei den Investitionen des Modells den entsprechenden empirischen Wert um 50%, während sie für die inländische Ersparnis um 40% geringer ausfällt. Der niedrige Wert für die inländische Ersparnis kann durch die Annahme bedingt sein, daß der Staatsverbrauch einen konstanten Anteil des Bruttoinlandsprodukts ausmacht, da die inländische Ersparnis als Differenz des Inlandsprodukts und der Summe aus privatem und öffentlichem Verbrauch berechnet wird. Die Arbeitszeit fluktuiert den stilisierten Fakten entsprechend schwächer als das Inlandsprodukt. Schließlich lassen sich auch für die Nettoexporte geringere Schwankungen als für das Inlandsprodukt im Modell feststellen, wobei die Werte der Modellökonomie etwas höher ausfallen als die empirischen Werte. Die Autokorrelation der Variablen ist im Modell etwas schwächer als in der deutschen Volkswirtschaft.

Bis auf die Nettoexporte, die sich antizyklisch zum Bruttoinlandsprodukt verhalten, zeigen die kontemporären Korrelationen der Variablen mit dem Inlandsprodukt ein prozyklisches Verhalten und stehen damt im Einklang mit den empirischen Fakten. Insgesamt sind die kontemporären Korrelationen deutlich ausgeprägter als ihre empirischen Äquivalente, was vermutlich darauf zurückzuführen ist, daß lediglich ein Schock die Modellgrößen beeinflußt. Bezüglich der kontemporären Korrelation zwischen inländischer Ersparnis und Investitionen ergibt sich im Modell [0.96] wie auch in der deutschen Volkswirtschaft [0.61] eine hohe, positive Korrelation.

Zusammenfassend läßt sich festhalten, daß die Basiskonfiguration des Konjunkturmodells einer offenen Volkswirtschaft imstande ist, den größten Teil der empirischen Fakten konjunktureller Schwankungen in Deutschland zu replizieren. Insbesondere ergibt sich auch für das Modell einer offenen Volkswirtschaft ein antizyklisches Verhalten der Nettoexporte und eine hohe, postive Korrelation der inländi-

[12] Dies ist mittels US-Daten z.B. von Cooley und Prescott (1995) gezeigt worden.

Tabelle 3.4: Die Kreuzkorrelationen zwischen den Variablen und dem BIP, sowie zwischen der Ersparnis und den Investitionen des Basismodells.

	j								
	-4	-3	-2	-1	0	1	2	3	4
Variable (X)	Kreuzkorrelationen der Variablen X(t) mit dem BIP(t+j)								
Privater Verbrauch	0.06	0.21	0.42	0.69	1.00	0.69	0.41	0.19	0.04
Investitionen	-0.14	0.01	0.25	0.57	0.96	0.71	0.48	0.29	0.16
Ersparnis	0.04	0.20	0.41	0.68	1.00	0.69	0.42	0.21	0.06
Arbeitszeit	0.05	0.20	0.41	0.69	1.00	0.69	0.41	0.20	0.05
Nettoexporte/BIP	0.27	0.12	-0.11	-0.46	-0.89	-0.70	-0.50	-0.34	-0.22
	Kreuzkorrelationen der Ersparnis (t) mit den Investitionen (t+j)								
	0.15	0.29	0.48	0.71	0.96	0.58	0.25	0.02	-0.13

Anmerkung: Die zweiten Momente der Variablen sind auf der Grundlage Hodrick-Prescott-gefilterter Daten (λ=1600) berechnet worden. Bis auf das Verhältnis der Nettoexporte zum BIP sind die Daten vorher logarithmiert worden. Das Modell ist fünfzigmal simuliert worden, wobei die Simulationen jeweils 104 Perioden umfassen, um der Anzahl der empirischen Beobachtungen zu entsprechen.

schen Ersparnis und der Investitionen. Im nächsten Abschnitt soll nun untersucht werden, inwiefern sich die Resultate verändern, wenn der Modellökonomie ein Einfluß auf den Weltmarktzins eingeräumt wird. Außerdem wird die Sensitivität der Ergebnisse hinsichtlich der im Abschnitt 3.3 angesprochenen Parameter analysiert.

3.3.3 Die Sensitivitätsanalyse

Die Tabellen 3.5-3.8 enthalten die Werte der zweiten Momente der betrachteten makroökonomischen Größen, die sich für das Modell ergeben, wenn eine Variation der ausgewählten Parameter durchgeführt wird. Keine dieser unterschiedlichen Modellkonfigurationen verursacht eine signifikante Änderung der kontemporären Korrelation der Variablen mit dem Inlandsprodukt gegenüber dem Basismodell. Das antizyklische Verhalten der Nettoexporte und auch die positive Korrelation der inländischen Ersparnis mit den Investitionen, die spezifisch außenwirtschaftlichen Komponenten des Modells, bleiben nahezu unverändert. Moderate Modifikationen des Parameters γ, des Koeffizienten der relativen Risikoaversion, haben insgesamt nur geringe Auswirkungen und werden daher nicht explizit aufgeführt[13].

[13]Variationen von γ ($\gamma = 1$ im Basismodell) sind für das Intervall $[0.5, 1.5]$ vorgenommen worden.

Tabelle 3.5: Variation von ω ($\omega = 0$ im Basismodell).

	Standardabweichung sd(X) in Prozent		Kontemporäre Korrelation mit Y	von I und S
Variable (X)	sd(X)	sd(X)/sd(Y)	corr(X,Y)	corr(I,S)
		$\omega = 0$		
BIP (Y)	1.35	1.00	1.00	-
Privater Verbrauch	0.92	0.68	1.00	-
Investitionen (I)	5.33	3.95	0.96	0.96
Ersparnis (S)	2.17	1.61	1.00	0.96
Abeitszeit	0.68	0.50	1.00	-
Nettoexporte/BIP	0.90	0.66	-0.89	-
				-
		$\omega = -0.01$		
BIP (Y)	1.35	1.00	1.00	-
Privater Verbrauch	0.93	0.69	1.00	-
Investitionen (I)	5.31	3.95	0.96	0.96
Ersparnis (S)	2.16	1.61	1.00	0.96
Abeitszeit	0.68	0.50	1.00	-
Nettoexporte/BIP	0.90	0.66	-0.89	-
		$\omega = -0.1$		
BIP (Y)	1.35	1.00	1.00	-
Privater Verbrauch	0.94	0.70	1.00	-
Investitionen (I)	5.16	3.82	0.96	0.96
Ersparnis (S)	2.13	1.58	1.00	0.96
Arbeitszeit	0.68	0.50	1.00	-
Nettoexporte/BIP	0.86	0.64	-0.89	-
				-
		$\omega = -1$		
BIP (Y)	1.35	1.00	1.00	-
Privater Verbrauch	0.94	0.70	1.00	-
Investitionen (I)	4.27	3.16	0.96	0.96
Ersparnis (S)	2.13	1.58	1.00	0.96
Arbeitszeit	0.67	0.50	1.00	-
Nettoexporte/BIP	0.62	0.46	-0.83	-

In Tabelle 3.5 werden die Auswirkungen von Null verschiedener Werte der Elastizität ω untersucht, welche die prozentuale Änderung des Weltmarktzinses bedingt durch prozentuale Änderungen des inländischen Bestands an ausländischen Anleihen beschreibt und damit den Einfluß der betrachteten Volkswirtschaft auf den Rest der Welt charakterisiert. Betragsmäßig kleine Werte für die Elastizität ω haben nur geringfügige Auswirkungen auf die konjunkturelle Schwankungen der betrachteten Größen[14]. Eine betragsmäßige Erhöhung der Elastizität ω führt tendentiell zu nied-

[14] Die ausgewählten Parameterwerte für die Elastizität ω sind negativ, da der kalibrierte Bestand an ausländischen Anleihen im stationären Gleichgewicht negativ ist. Der Wert $\omega = -1$ erzeugt

Tabelle 3.6: Variation von ϵ ($\epsilon = 0$ im Basismodell).

	Standardabweichung sd(X) in Prozent		Kontemporäre Korrelation	
			mit Y	von I und S
Variable (X)	sd(X)	sd(X)/sd(Y)	corr(X,Y)	corr(I,S)
		$\epsilon = 1/30$		
BIP (Y)	1.36	1.00	1.00	-
Privater Verbrauch	0.93	0.68	1.00	-
Investitionen (I)	6.09	4.47	0.95	0.95
Ersparnis (S)	2.18	1.60	1.00	0.95
Abeitszeit	0.68	0.50	1.00	-
Nettoexporte/BIP	1.12	0.82	-0.88	-
				-
		$\epsilon = 1/25$		
BIP (Y)	1.35	1.00	1.00	-
Privater Verbrauch	0.92	0.68	1.00	-
Investitionen (I)	5.33	3.95	0.96	0.96
Ersparnis (S)	2.17	1.61	1.00	0.96
Arbeitszeit	0.68	0.50	1.00	-
Nettoexporte/BIP	0.90	0.66	-0.89	-
				-
		$\epsilon = 1/15$		
BIP (Y)	1.34	1.00	1.00	-
Privater Verbrauch	0.92	0.69	1.00	-
Investitionen (I)	3.16	2.70	0.98	0.98
Ersparnis (S)	2.15	1.60	1.00	0.98
Arbeitszeit	0.67	0.50	1.00	-
Nettoexporte/BIP	0.40	0.30	-0.88	-

rigeren Volatilitäten der Investitionen und der Nettoexporte und verbessert in dieser Hinsicht die Resultate des Basismodells. Desweiteren repliziert das Modell die Beobachtungen von Baxter (1995), die empirisch einen negativen Zusammenhang zwischen der Größe einer Volkswirtschaft und den Volatilitäten der Investitionen und Nettoexporte festgestellt hat.

Die Ergebnisse der Tabelle 3.6 zeigen eine erhebliche Sensitivität des Modells in Bezug auf die Elastizität ϵ, welche die Anpassungskosten der Investitionen beschreibt. Niedrige Anpassungskosten [$\epsilon = 1/30$] bewirken eine Standardabweichung der Investitionen, die das viereinhalbfache der Standardabweichung des Inlandsprodukts beträgt. Dagegen führen hohe Anpassungskosten [$\epsilon = 1/15$] zu einem Quotienten der Standardabweichung der Investitionen durch die des Inlandsprodukts

eine Volatiltät des Weltmarktzinses, die ungefähr 50% der Schwankungen ausmacht, die man in einem Modell einer geschlossen Volkswirtschaft erhalten würde, und ist daher als untere Grenze gewählt worden.

Tabelle 3.7: Variation von δ und iy ($\delta = 0.01, iy = 0.24$ im Basismodell).

	Standardabweichung sd(X) in Prozent		Korrelation mit Y	von I und S
Variable (X)	sd(X)	sd(X)/sd(Y)	corr(X,Y)	corr(I,S)
		$\delta = 0.01$ und $i_y = 0.24$		
BIP (Y)	1.35	1.00	1.00	-
Privater Verbrauch	0.92	0.68	1.00	-
Investitionen (I)	5.33	3.95	0.96	0.96
Ersparnis (S)	2.17	1.61	1.00	0.96
Abeitszeit	0.68	0.50	1.00	-
Nettoexporte/BIP	0.90	0.66	-0.89	-
				-
		$\delta = 0.015$ und $i_y = 0.28$		
BIP (Y)	1.37	1.00	1.00	-
Privater Verbrauch	0.90	0.66	1.00	-
Investitionen (I)	5.38	3.93	0.94	0.95
Ersparnis (S)	1.96	1.43	1.00	0.95
Arbeitszeit	0.68	0.50	1.00	-
Nettoexporte/BIP	1.23	0.90	-0.86	-
				-
		$\delta = 0.02$ und $i_y = 0.32$		
BIP (Y)	1.39	1.00	1.00	-
Privater Verbrauch	0.88	0.63	1.00	-
Investitionen (I)	5.35	3.85	0.93	0.93
Ersparnis (S)	1.82	1.31	0.95	0.93
Arbeitszeit	0.69	0.50	1.00	-
Nettoexporte/BIP	1.53	1.10	-0.83	-

(2.70), der sehr gut mit dem empirischen Wert (2.62) übereinstimmt, während die Schwankungen der Nettoexporte hier deutlich geringer als ihr empirisches Äquivalent ausfallen.

In Tabelle 3.7 wird der Einfluß veränderter Abschreibungsraten auf die Resultate des Modells analysiert. Die Abschreibungsrate δ ist von $\delta = 0.01$ im Basismodell auf $\delta = 0.015$ und $\delta = 0.02$ erhöht worden, denn die der Basisparametrisierung zugrundeliegende Abschreibungsrate basiert auf dem Kapitalstock der Unternehmen und enthält damit keine langlebigen Konsumgüter, die in der Regel schneller als die Komponenten des Firmenkapitalstocks abgeschrieben werden. Eine Erhöhung der Abschreibungsrate bedingt eine simultane Erhöhung des Verhältnisses der Bruttoinvestitionen zum Inlandsprodukt, so daß der entsprechende Wert des Basismodells $i_y = 0.24$ schrittweise auf $i_y = 0.28$ und $i_y = 0.32$ erhöht wird. Die Effekte dieser Parametervariationen sind relativ gering. Die Volatilität der inländischen Ersparnis sinkt leicht, wenn δ und i_y erhöht werden, während die Volatilitäten der Investitio-

Tabelle 3.8: Variation von v ($v = 2$ im Basismodell).

	Standardabweichung sd(X) in Prozent		Kontemporäre Korrelation mit Y	von I und S
Variable (X)	sd(X)	sd(X)/sd(Y)	corr(X,Y)	corr(I,S)
		$v = 1.5$		
BIP (Y)	1.61	1.00	1.00	-
Privater Verbrauch	1.37	0.85	1.00	-
Investitionen (I)	6.70	4.16	0.96	0.96
Ersparnis (S)	2.05	1.27	1.00	0.96
Abeitszeit	1.07	0.66	1.00	-
Nettoexporte/BIP	1.34	0.83	-0.91	-
				-
		$v = 2$		
BIP (Y)	1.35	1.00	1.00	-
Privater Verbrauch	0.92	0.68	1.00	-
Investitionen (I)	5.33	3.95	0.96	0.96
Ersparnis (S)	2.17	1.61	1.00	0.96
Arbeitszeit	0.68	0.50	1.00	-
Nettoexporte/BIP	0.90	0.66	-0.89	-
				-
		$v = 3$		
BIP (Y)	1.17	1.00	1.00	-
Privater Verbrauch	0.59	0.50	1.00	-
Investitionen (I)	4.43	3.79	0.96	0.96
Ersparnis (S)	2.26	1.93	1.00	0.96
Arbeitszeit	0.39	0.33	1.00	-
Nettoexporte/BIP	0.61	0.52	-0.86	-

nen, des privaten Verbrauchs und des Arbeitseinsatzes bezogen auf die Volatilität des Inlandsprodukts kaum berührt werden. Lediglich die Volatiltät der Nettoexporte reagiert positiv auf eine Erhöhung der Parameter γ und i_y.

Tabelle 3.8 präsentiert die Ergebnisse des Modells, die durch eine Variation der Arbeitsangebotselastizität $1/(v-1)$ erzeugt wurden. Die Arbeitsangebotselastizität hat als einziger der in diesem Abschnitt diskutierten Parameter einen signifikanten Einfluß auf die Volatilität des Bruttoinlandsprodukts, da sie direkt die eingesetzte Arbeitszeit und damit den wesentlichen Propagationsmechanismus eines Technologieschocks im Modell beeinflußt. Eine Erhöhung der Arbeitsangebotselastizität von 1 auf 2 steigert die Variabilität des Inlandsprodukts von 1.35 auf 1.61, während sich die Standardabweichung der eingesetzten Arbeitszeit von 0.68 auf 1.07 erhöht. Auch die Volatilitäten des privaten Verbrauchs und der Nettoexporte werden deutlich beeinflußt und fallen umso größer aus, je höher die Arbeitsangebotselastizität gewählt wird, während die Volatilität der inländischen Ersparnis hier sinkt. Die Schwankungen der Investitionen bezogen auf die des Inlandsprodukts reagieren nicht in dem Maße auf Veränderungen der Arbeitsangebotselastizität wie die restlichen Größen.

3.4 Fazit

In diesem Kapitel ist ein stochastisches Konjunkturmodell für eine offene Volkswirtschaft vorgestellt worden. Es ist gezeigt worden, daß das mit Hilfe deutscher Daten des Zeitraums 1968-1993 kalibirierte Modell mit den empirischen Fakten konjunktureller Schwankungen der deutschen Volkswirtschaft konsistent ist. Insbesondere ist das Modell auch in der Lage die spezifisch außenwirtschaftlichen Fakten, antizyklische Schwankungen der Nettoexporte bzw. der Handelsbilanz und eine hohe, positive Korrelation der inländischen Ersparnis und der Investitionen, zu replizieren. Die vorgenommene Variation ausgewählter Parameter hat gezeigt, daß die quantitativen Resultate des Modells relativ sensibel auf Änderungen der Anpassungskostenelastizität der Investitionen und der Arbeitsangebotselastizität reagieren. Desweiteren ist im Modell untersucht worden, inwiefern ein durch die Größe der betrachteten Volkswirtschaft in Bezug auf den Rest der Welt unterstellter Einfluß auf den Weltmarktzins die Resultate beeinflußt. Diese Annahme hat insgesamt nur zu geringfügigen Änderungen der Ergebnisse des Modells geführt. Die Simulationen des Modells führten zu geringeren Volatilitäten der Investitionen und der Nettoexporte, je stärker der Einfluß der inländischen Nachfrage nach Auslandsanleihen auf den Weltmarktzins modelliert wurde. Damit ist das Model auch mit dem empirisch festgestellten, negativen Zusammenhang zwischen der Größe einer Volkswirtschaft und deren Volatiltät in Bezug auf Investitionen und Nettoexporte konsistent.

3.5 Anhang zu Kapitel 3

In diesem Anhang wird die Transformation der Gleichgewichtsbedingungen und Budgetrestriktionen des Modells in ein um das deterministische, stationäre Gleichgewicht aproximiertes, loglineares System durchgeführt[15]. Die durch ein Dach ge-

[15] Im deterministischen, stationären Gleichgewicht müssen die Erträge aus Firmenanteilen und ausländischen Anleihen übereinstimmen, da sonst Arbitragemöglichkeiten vorhanden wären. Außerdem entspricht der Diskontfaktor der repräsentativen Firma der subjektiven Diskontrate eines Gutes des repräsentativen Haushalts, $\varrho_t = \beta^t \lambda_t$.

kennzeichneten Variablen bezeichnen die relative Abweichung der Größen vom deterministischen, stationären Gleichgewicht, z.B. [$\hat{y}_t = dy_t/y \approx \ln y_t - \ln y$]. Die Optimalitätsbedingungen des Haushalts lauten dann:

$$\lambda_t^* \equiv \lambda_t \chi_x^{t\gamma}, \tag{3.29}$$

$$\hat{\lambda}_t^* = -\gamma c (c - \psi h^v)^{-1} \hat{c}_t + \gamma \psi v h^v (c - \psi h^v)^{-1} \hat{h}_t, \tag{3.30}$$

$$(v - \alpha) \hat{h}_t = \hat{z}_t + (1 - \alpha) \hat{k}_t, \tag{3.31}$$

$$\hat{\lambda}_t^* = E_t \{ \hat{\lambda}_{t+1}^* - \frac{r(b)}{1 + r(b)} \omega \hat{b}_{t+1} \}, \quad \omega \equiv -\frac{r'(b)}{r(b)} b, \tag{3.32}$$

wobei ω die Elastizität des Weltmarktzinses bezüglich des Bestands ausländischer Anleihen bezeichnet. Die Optimalitätsbedingungen des Unternehmens lauten dann:

$$\hat{q}_t = \epsilon (\hat{i}_t - \hat{k}_t), \quad \epsilon \equiv -\frac{\Phi''(i/k)}{\Phi'(i/k)} \frac{i}{k}, \tag{3.33}$$

$$\frac{\chi_x^\gamma}{\beta} (\hat{q}_t + \hat{\lambda}_t^*) = E_t \{ \frac{\chi_x^\gamma}{\beta} \hat{\lambda}_{t+1}^* + \chi_x \eta \hat{q}_{t+1} + (1 - \alpha) \frac{y}{k} (\hat{z}_{t+1} - \alpha \hat{k}_{t+1} + \alpha \hat{h}_{t+1}) \}, \tag{3.34}$$

wobei ϵ die Elastizität des Tobinschen q im Hinblick auf das Verhältnis der Investitionen zum Kapitalstock beschreibt. Es folgt die loglinearisierte Version der Gütermarktgleichgewichtsbedingung:

$$(1 - g_y)(\hat{z}_t + (1 - \alpha) \hat{k}_t + \alpha \hat{h}_t) = \frac{c}{y} \hat{c}_t + \frac{i}{y} \hat{i}_t + \frac{b}{y} \frac{(1 + r(b) + \omega r(b)}{(1 + r(b))^2} \hat{b}_{t+1} - \frac{b}{y} \hat{b}_t . \tag{3.35}$$

Die Akkumulationsgleichung des Kapitals wird umgeformt zu:

$$\eta \chi_x \hat{k}_{t+1} = (1 - \delta) \hat{k}_t + \frac{i}{k} \hat{i}_t . \tag{3.36}$$

Für den stochastischen Prozeß des Technologieniveaus erhält man:

$$\hat{z}_{t+1} = \rho \hat{z}_t + \varepsilon_{t+1}. \tag{3.37}$$

Damit ergibt sich ein lineares Differenzengleichungssystem mit acht Gleichungen in den acht Variablen ($\hat{c}_t, \hat{i}_t, \hat{h}_t, \hat{q}_t, \hat{k}_t, \hat{b}_t, \hat{z}_t, \hat{\lambda}_t^*$).

Kapitel 4

Die Preisanomalie in internationalen Konjunkturmodellen

Durch internationalen Handel von Konsum- und Investitionsgütern sowie Vermögensanlagewerten haben nationale, ökonomisch relevante Ereignisse nicht nur Auswirkungen auf das jeweilige Land, sondern auch auf die übrigen Länder der Welt. Das Ausmaß solcher Wechselwirkungen hängt von der Intensität der Handelsbeziehungen, der geographischen Lage, der relativen Größe eines Landes und anderen Faktoren ab.

In diesem Kapitel wird zunächst der aktuelle Stand der Forschung in bezug auf internationale Konjunkturmodelle erörtert. Diese Modelle umfassen mindestens zwei Länder, die durch integrierte Kapital- und Gütermärkte miteinander verbunden sind. Die nationalen Arbeitsmärkte werden im Regelfall als autonom unterstellt, d.h. der Faktor Arbeit ist international immobil. Die Modellstruktur entspricht dynamischen allgemeinen Gleichgewichtsmodellen, in denen eine Vielzahl von identischen Haushalten und Unternehmen unter der Annahme rationaler Erwartungen ihr intertemporales Maximierungskalkül realisieren und die Märkte zu jedem Zeitpunkt geräumt sind. Die Produktionsbedingungen in beiden Ländern werden durch exogene, länderspezifische Schocks beeinflußt. Die Schocks verschiedener Länder sind miteinander korreliert. Die Individuen reagieren auf die veränderten Produktionsverhältnisse, indem sie ihre Konsum-, Spar-, Investitions- und Arbeitsentscheidungen optimal anpassen. Dadurch ergeben sich direkte und indirekte Spillover-Effekte zwischen den Ländern. Die direkten Spillover-Effekte resultieren aus der Korrelationsstruktur der exogenen Schocks. Indirekte Spillover-Effekte werden durch endogene Preisänderungen, z.B. des Weltmarktzinses, ausgelöst. Eine Veränderung des Weltmarktzinses kann auf revidierte Investitionsentscheidungen in einem Land, ausgelöst durch einen länderspezifischen Produktionsschock, zurückgeführt werden. Tendenziell führen solche Effekte dazu, daß die konjunkturellen

Schwankungen makroökonomischer Größen verschiedener Länder sehr ähnlich verlaufen. Wie im vorangegangen Kapitel stellt sich wiederum die Frage, inwiefern die betrachteten Modelle in der Lage sind die empirischen Fakten internationaler Konjunkturzyklen zu replizieren. Dazu müssen die den Technologieschocks zugrundeliegenden stochastischen Prozesse spezifiziert und ihre Parameter geschätzt werden. Integriert man diese Prozesse in ein entsprechend kalibriertes Modell, lassen sich die Modellresultate mit den empirischen Fakten vergleichen. Im Gegensatz zu dem Modell für eine offene Volkswirtschaft ermöglichen Zwei-Länder-Modelle eine Untersuchung der Korrelation in- und ausländischer Größen, wie z.B. der des Konsums oder der Bruttoinlandsprodukte der Länder. Betrachtet man außerdem auch mehrere, heterogene Güter können das reale Austauschverhältnis zwischen Importen und Exporten (Terms of Trade) oder der reale Wechselkurs, d.h. das Verhältnis der Preisniveaus analysiert werden.

Zwei-Länder-zwei-Güter-Modelle sind in den Arbeiten von Baxter (1995) und Backus, Kehoe und Kydland (1995) ausführlich studiert worden[1]. In beiden Arbeiten ist eine deutliche Diskrepanz zwischen empirischen Fakten und theoretischen Resultaten in zweierlei Hinsicht festgestellt worden. Zum einen läßt sich empirisch feststellen, daß die Bruttoinlandsprodukte der Länder deutlich stärker positiv korreliert sind als der Konsum dieser Länder. Desweiteren sind die Investitionen der Länder positiv korreliert. Die gleiche Beobachtung gilt für den Arbeitseinsatz. Im Modell ist hingegen der Konsum der Länder stärker als ihre Bruttoinlandsprodukte korreliert und die Investitionen ebenso wie der Arbeitseinsatz negativ korreliert. Diese Diskrepanz zwischen Empirie und Theorie wird als Quantitätsanomalie bezeichnet. Die hohe, positive Korrelation des Konsums kommt im Modell dadurch zustande, daß die Individuen grundsätzlich risikoavers sind und einen möglichst glatten Konsumpfad anstreben. Geht man davon aus, daß die nationalen Technologieschocks nicht vollständig korreliert sind, können sich die Individuen der verschiedenen Länder untereinander gegen die Risiken schwankender Produktionsbedingungen absichern[2]. Der Versicherungsmechanismus führt zu einer Aufteilung unerwarteter Produktionserhöhungen bzw. -einbußen, so daß neben einer Glättung des Kon-

[1]Die hier erwähnten Arbeiten stellen Überblicksartikel dar. Die verwendeten Modelle stammen im wesentlichen aus den Arbeiten von Baxter und Crucini (1993) bzw. von Backus, Kehoe und Kydland (1994).

[2]Internationale Versicherungsmechanismen sind insbesondere im Hinblick auf ihre Wohlfahrtseffekte in den Studien von Obstfeld (1994) und van Wincoop (1994, 1999) untersucht worden.

sumprofiles auch eine erhöhte Korrelation des Konsums bewirkt wird. Außerdem führt die permanente Einkommenshypothese dazu, daß auch zeitverzögerte, direkte Spillover-Effekte eine zeitgleiche Änderung des Konsums verursachen und somit die Korrelation des Konsums im Vergleich zum Einkommen erhöhen. Die negative Korrelation der Investitionen sowie des Arbeitseinsatzes der Länder im Modell läßt sich folgendermaßen begründen. Durch die Annahme vollständiger Kapitalmärkte müssen die erwarteten Kapitalrenditen in den verschiedenen Ländern übereinstimmen. Ein positiver, persistenter Technologieschock im Inland führt daher zu erhöhten Investitionen im Inland, während die Investitionen im Ausland vermindert werden. Eine verbesserte Kapitalausstattung im Inland bedingt eine höhere Arbeitsproduktivität und damit auch einen höheren Arbeitseinsatz, während die Arbeitsproduktivität und der Arbeitseinsatz im Ausland durch den Kapitalabfluß sinkt. Modell und Empirie unterscheiden sich ferner in bezug auf die Terms of Trade. Die empirischen Terms of Trade sind wesentlich volatiler als die entsprechende Modellvariable. Dieser Unterschied wird als Preisanomalie bezeichnet. Im Gegensatz zur Quantitätsanomalie läßt sich die Preisanomalie nicht unmittelbar aus der allgemeinen Struktur stochastischer Gleichgewichtsmodelle ableiten.

Um die Diskrepanz zwischen Empirie und Theorie zu beseitigen, ist das Zwei-Länder-Grundmodell in verschiedener Hinsicht modifiziert bzw. erweitert worden. In Bezug auf die Quantitätsanomalie gehen Baxter (1995) und Kollmann (1996a) in ihren Arbeiten von unvollständigen Kapitalmärkten aus. Beide unterstellen, daß Finanzanlagen auf einperiodige Schuldverschreibungen beschränkt sind. Diese Annahme schränkt die Möglichkeit einer Risikodiversifizierung wesentlich ein. Als Folge der Finanzmarktrestriktion sinkt die Korrelation des Konsums der Länder relativ zur Korrelation der Einkommen. Allerdings bleibt die internationale Korrelation des Konsums höher als die der Einkommen. Auch bleiben die Investitionen sowie der Arbeitseinsatz international negativ korreliert. Die Quantitätsanomalie wird also nur vermindert, nicht aber beseitigt. Ambler, Cardia und Zimmermann (1998) führen eine Zwischengüterproduktion und mehrere Sektoren ein und untersuchen, ob dies Auswirkungen auf die negative Korrelation der Investitionen sowie des Arbeitseinsatzes der Länder hat. Während die Einführung intermediärer Güter die Aussagen des Modells nur geringfügig beeinflußt, bewirkt der Übergang von einem zu zwei Produktionssektoren eine deutliche Verbesserung der Resultate. Dies liegt daran, daß bei mehreren Sektoren ein positiver Technologieschock in einem der Sektoren nicht nur Ressourcen aus dem Ausland, sondern auch aus dem anderen inländischen Sektor anzieht. Dadurch fällt die negative Korrelation der Investitionen sowie des Arbeitseinsatzes verschiedener Länder. Stockman und Tesar (1995) untersuchen den Effekt nicht-handelbarer Konsumgüter. So kann z.B. ein großer Teil der vorhandenen Dienstleistungen nicht zwischen verschiedenen Ländern gehandelt werden. Nicht-handelbare Konsumgüter verringern prinzipiell die internationale Korrelation des Konsums. Allerdings bleibt die hohe, positive Korrelation für handelbare Konsumgüter bestehen. Stockman und Tesar folgern daraus, daß Angebotsschocks in der Form von Technologieschocks nicht ausreichen, um die empirischen Fakten zu erklären. Sie betrachten deshalb zusätzlich Nachfrageschocks, speziell Präferenzenschocks, die die relative Gewichtung zwischen handelbaren und nicht-handelbaren Konsumgütern in der Nutzenfunktion im Zeitablauf beeinflussen. Durch Präferenzenschocks wird auch die internationale Korrelation handelbarer Konsumgüter deutlich gesenkt. Unzureichend bleibt die empirische Quantifizierung der Präferenzenschocks, wodurch ihre Auswirkungen schwer zu beurteilen sind. Mazenga und Ravn (1998) versuchen in ihrer Arbeit die Preisanomalie zu beseitigen. Die Einführung einer Transporttechnologie, die flexible Transportstückkosten von Importen generiert, soll die Volatilität der Terms of Trade erhöhen. Hierfür wird eine CES-Technologie unterstellt, in der ein Aggregat aus den inländischen Faktoren Arbeit und Kapital und ausländischen Exporten als Einsatzfaktoren verwendet werden. Lediglich der Spezialfall einer Leontief-Technologie führt hier zu der gewünschten Volatilität der Terms of Trade. Die Leontief-Technologie als Transporttechnologie hat jedoch den unerwünschten Nebeneffekt, daß die Persistenz der Terms of Trade im Modell deutlich geringer als die empirische ausfällt. Backus und Crucini (1998) erklären die hohe Variabilität der Terms of Trade durch Ölpreisänderungen. Die angebotene Ölmenge wird teilweise durch exogene Schocks beeinflußt. Die Möglichkeiten, Öl kurzfristig durch die Faktoren Arbeit oder Kapital zu substituieren, sind begrenzt. Dadurch lösen auch geringe Mengenänderungen große Änderungen des relativen Ölpreises aus, der wiederum in die Terms of Trade eingeht und damit deren Volatilität erhöht. Die Volatilität der Import- und Exportmengen in diesem Modell ist jedoch zu gering. Zimmermann (1997) betrachtet exogene Wechselkursschocks und deren Einfluß auf die Terms of Trade. Er unterstellt in seiner Studie, daß die Importentscheidungen getroffen werden müssen, bevor der relevante Wechselkurs bekannt ist. Die Modellresultate bezüglich der Terms of Trade werden hierdurch deutlich verbessert. Die kritische Annahme dieser Studie liegt allerdings darin, daß das Wechselkursrisiko international nicht abgesichert werden kann. Auch in der Arbeit von Chari, Kehoe und McGrattan (1997) steht die Preisanomalie im Mittelpunkt. Die Autoren halten Geldmengenschocks für eine mögliche Ursache der volatilen Terms of Trade. Daneben ermöglicht die Einführung von Geld in das Modell auch eine Analyse der nominalen Variablen, wie z.B. des nominalen Wechselkurses. Im Unternehmenssektor wird eine monopolistische Konkurrenzstruktur unterstellt, wobei immer nur ein bestimmter Teil aller Produzenten seine Preise in Reaktion auf Geldmengenänderungen anpasssen kann. Die Abkehr von der Annahme vollständig flexibler Preise verstärkt die realen Anpassungsprozesse, die infolge von Geldmengenschwankungen auftreten[3]. Das Resultat ihrer Arbeit besteht darin, daß auch bei einer breiten Auswahl der Modellparameter eine den Daten entsprechende Volatilität der Terms of Trade nicht erreicht wird. Zusammenfassend läßt sich festhalten, daß in bezug auf die Quantitätsanomalie sowohl Finanzmarktrestriktionen als auch die Annahme mehrerer Sektoren Erklärungsansätze bieten, während sich im Hinblick auf die Preisanomalie weitere exogene Schocks als erforderlich erwiesen haben.

Im Mittelpunkt dieses Kapitels steht eine erweiterte Fassung des Zwei-Länder-zwei-Güter-Modells von Backus, Kehoe und Kydland (1994), das im folgenden als BKK abgekürzt wird. In diesem Modell wird zunächst in jedem Land ein länderspezifisches Gut produziert. Diese Güter werden gehandelt und bilden die Einsatzfaktoren einer CES-Produktionsfunktion, des sog. Armington-Aggregators (1969). Erst das Endprodukt kann dann für Konsum und Investitionen verwendet werden. Im Unterschied zu BKK wird ein zusätzlicher exogener Schock eingeführt, der die Produktivität in- und ausländischer Güter im Armington-Aggregator beeinflußt. Diese Schocks können als temporäre Änderungen der Einfuhrbestimmungen oder variierende Transportkosten interpretiert und insbesondere empirisch quantifiziert werden. Die Fragestellung besteht darin, ob die Annahme zusätzlicher Schocks im Armington-Aggregator dazu beitragen kann, die Preisanomalie zu vermindern oder sogar zu beseitigen.

[3]In Modellen geschlossener Volkswirtschaften ist in mehreren Arbeiten, so z.B. von Chari, Kehoe und McGrattan (1996) oder Christiano, Eichenbaum und Evans (1997), gezeigt worden, daß kurzfristig fixe Preise ein hohes Erklärungspotential für die Persistenz realer Anpassungsprozesse, die durch Geldmengenschocks ausgelöst werden, besitzen. Kollman (1996b) betrachtet die Auswirkungen von Geldmengenschocks in einer kleinen, offenen Volkswirtschaft. Er verzichtet in seinem Modell aber auf akkumulierbares Kapital, wodurch wesentliche Größen, wie z.B. die Handelsbilanz, verzerrt werden.

Das Kapitel wird folgendermaßen gegliedert. Abschnitt 4.1 enthält die stilisierten Fakten internationaler Konjunkturzyklen für den Zeitraum von 1970:1-1994:4. Im Abschnitt 4.2 wird das Modell vorgestellt und das Wettbewerbsgleichgewicht mit Hilfe eines zentralen Planers ermittelt. Ferner werden das deterministische, stationäre Gleichgewicht und die Parameterwerte bestimmt. Im Abschnitt 4.3 werden die Resultate des Basismodells präsentiert und mit den Ergebnissen von BKK verglichen. Desweiteren wird eine Sensitivitätsanalyse hinsichtlich einer Variation ausgewählter Parameter vorgenommen. Abschnitt 4.4 enthält das Fazit des Kapitels.

4.1 Die stilisierten Fakten

In diesem Abschnitt wird ein Ausschnitt aus den stilisierten Fakten internationaler Konjunkturzyklen des Zeitraums 1970:1-1994:4 präsentiert. Im Mittelpunkt der Betrachtung stehen das Bruttoinlandsprodukt, die Terms of Trade sowie die Nettoexporte, die im wesentlichen die internationalen, ökonomischen Beziehungen im Modell dieses Kapitels beschreiben[4]. Als Charakteristika internationaler Konjunkturzyklen dienen wiederum die zweiten Momente der makroökonomischen Variablen, die auf der Grundlage Hodrick-Prescott-gefilterter, logarithmierter Daten berechnet wurden[5]. Als Datenmaterial wurden die Quartalsdaten von 1970:1-1994:4 aus den *National Quarterly Accounts* der OECD für die G7-Staaten verwendet. Im einzelnen wurden die Standardabweichungen der erwähnten Größen, das Verhältnis der Standardabweichungen der Variablen zu der des Bruttoinlandsprodukts, die Autokorrelationen und die Kreuzkorrelationen der Variablen mit dem Bruttoinlandsprodukt berechnet. Zusätzlich wurden für Westdeutschland im gleichen Zeitraum die Momente für Konsum, Investitionen und Arbeitseinsatz bestimmt, um auch für diese grundlegenden, makroökonomischen Größen über einen Vergleichsmaßstab zu verfügen.

[4] Die Terms of Trade sind hier als das Verhältnis von Importpreisdeflator zu Exportpreisdeflator definiert. Der Importpreisdeflator (Exportpreisdeflator) ist als Quotient der Importe (Exporte) zu jeweiligen Preisen, dividiert durch Importe (Exporte) zu konstanten Preisen berechnet worden.

[5] Da die Nettoexporte im Zeitablauf auch negative Werte annehmen, können sie nicht logarithmiert werden. Deshalb werden die Nettoexporte eines Landes stets durch das Bruttoinlandsprodukt des Landes dividert, um eine relative Größe zu erhalten. Wird im folgenden Text von Nettoexporten gesprochen, ist stets dieser Quotient gemeint.

Tabelle 4.1: Empirische Fakten für Westdeutschland, 1970:1-1994:4.

Variable (x)	Standardabweichung sd(x) in Prozent sd(x)	sd(x)/sd(y)	Autokorrelation der Variablen (x)	Korrelation der Variablen (x) mit dem BIP
BIP (y)	1.49	1	0.86	1
Konsum	1.31	0.88	0.81	0.75
Investitionen	3.88	2.60	0.86	0.86
Arbeitseinsatz	1.04	0.70	0.94	0.72
Terms of Trade	2.60	1.74	0.88	0.03
Nettoexporte	0.72	0.48	0.74	-0.24

Anmerkung: Die zweiten Momente der Variablen wurden auf der Grundlage Hodrick-Prescott-gefilterter Daten (λ=1600) berechnet. Bis auf das Verhältnis der Nettoexporte zum BIP sind die Daten vorher logarithmiert worden.

In Tabelle 4.1 werden die zweiten Momente für Westdeutschland im Zeitraum von 1970:1-1994:4 präsentiert. Tabelle 4.2 enthält die relative Standardabweichung der Terms of Trade, das Verhältnis dieser Standardabweichung zu der des Bruttoinlandsprodukts, die Autokorrelation der Terms of Trade sowie ihre Korrelation mit dem Bruttoinlandsprodukt für die G7-Staaten. Die Terms of Trade sind deutlich volatiler als die Bruttoinlandsprodukte, das Verhältnis der Standardabweichungen reicht von 1.59 für Großbritannien bis zu einem Wert von 4.95 für Japan. Der Median liegt bei 1.74, d.h. die Volatiltät der Terms of Trade übersteigt die Volatilität des Bruttoinlandsprodukts im Mittel um 74% . Die Autokorrelation fällt durchgehend hoch aus, der Median beträgt hier 0.83. Bezüglich der Korrelation von Bruttoinlandsprodukt und den Terms of Trade läßt sich keine einheitliche Aussage treffen. Für die meisten Länder sind diese Größen nur schwach korreliert, der Median beträgt -0.06. Tabelle 4.3 umfaßt die relative Standardabweichung der Nettoexporte, das Verhältnis dieser Standardabweichung zu der des jeweiligen Bruttoinlandsprodukts, die Autokorrelation der Nettoexporte sowie die Korrelation von Nettoexporten und Bruttoinlandsprodukt für die G7-Staaten. Die Volatilität der Nettoexporte ist in allen Ländern geringer als die des Bruttoinlandsprodukts, der Median der Quotienten der beiden Standardabweichungen nimmt den Wert 0.61 an. Auch die Nettoexporte sind relativ persistent, der Median der Autokorrelation beträgt 0.74. Die Korrelation der Nettoexporte mit dem Bruttoinlandsprodukt ist für alle Länder negativ, der Median lautet -0.31.

Abschließend soll noch die Kreuzkorrelation der Nettoexporte und der Terms of Trade für jeweils vier Perioden untersucht werden. Die kontemporäre Korrelation

Tabelle 4.2: Die zweiten Momente der Terms of Trade (e) für die G7-Staaten, 1970:1-1994:4.

Land	Standardabweichung von e sd(e) in Prozent	sd(e)/sd(BIP)	Autokorrelation von e	Korrelation von e mit dem BIP
Kanada	2.76	1.63	0.86	-0.16
Frankreich	3.52	3.26	0.66	-0.06
GB	2.90	1.59	0.78	0.10
Deutschland	2.60	1.74	0.88	0.03
Italien	3.36	2.09	0.68	0.36
Japan	7.17	4.95	0.86	-0.16
USA	3.04	1.69	0.83	-0.22
Median	3.04	1.74	0.83	-0.06

Anmerkung: Die zweiten Momente der Variablen sind auf der Grundlage Hodrick-Prescott-gefilterter (λ=1600) und logarithmierter Daten berechnet worden.

Tabelle 4.3: Die zweiten Momente der Nettoexporte (nx) für die G7-Staaten, 1970:1-1994:4.

Land	Standardabweichung von nx sd(nx) in Prozent	sd(nx)/sd(BIP)	Autokorrelation von nx	Korrelation von nx mit dem BIP
Kanada	0.75	0.44	0.55	-0.09
Frankreich	0.79	0.73	0.71	-0.31
GB	1.17	0.64	0.70	-0.37
Deutschland	0.72	0.48	0.74	-0.24
Italien	1.26	0.79	0.80	-0.62
Japan	0.89	0.61	0.86	-0.30
USA	0.48	0.27	0.79	-0.47
Median	0.79	0.61	0.74	-0.31

Anmerkung: Die zweiten Momente der Variablen sind auf der Grundlage Hodrick-Prescott-gefilterter Daten (λ=1600) berechnet worden.

Tabelle 4.4: Die Kreuzkorrelation der Terms of Trade (e) mit den Nettoexporten (nx) für die G7-Staaten, 1970:1-1994:4.

Land	Kreuzkorrelation (e_t, nx_{t+j})								
					j				
	-4	-3	-2	-1	0	1	2	3	4
Kanada	-0.02	-0.05	-0.05	-0.04	-0.05	-0.02	0.02	0.08	0.14
Frankreich	-0.26	-0.36	-0.45	-0.49	-0.52	-0.27	-0.03	0.16	0.25
GB	-0.09	-0.28	-0.41	-0.56	-0.57	-0.45	-0.22	0.00	0.14
Deutschland	-0.24	-0.24	-0.20	-0.12	0.00	0.10	0.19	0.27	0.31
Italien	-0.26	-0.47	-0.58	-0.66	-0.61	-0.40	-0.20	-0.03	0.20
Japan	-0.62	-0.68	-0.68	-0.62	-0.48	-0.20	0.09	0.35	0.54
USA	0.11	0.15	0.16	0.16	0.20	0.37	0.53	0.64	0.65

Anmerkung: Die zweiten Momente der Variablen sind auf der Grundlage Hodrick-Prescott-gefilterter Daten (λ=1600) berechnet worden. Die Daten der Terms of Trade sind vorher logarithmiert worden.

ist für die Mehrzahl der Länder negativ. Für Deutschland nimmt sie den Wert null an, während sie in den USA mit 0.20 positiv ausfällt. Für positive Werte von j steigt die Kreuzkorrelation generell und erreicht für das hier betrachtete Intervall von j für $j = 4$ in allen Ländern ihr Maximum, während sich für negative Werte kein einheitliches Bild ergibt. Zusammenfassend lassen sich also die folgenden Punkte als stilisierte Fakten internationaler Konjunkturzyklen festhalten:

- Die Terms of Trade sind deutlich volatiler als das Bruttoinlandsprodukt, wobei die Volatilität der Terms of Trade die des Bruttoinlandsprodukts im Mittel um 74% übersteigt. Die Terms of Trade sind nur schwach mit dem Bruttoinlandsprodukt korreliert.

- Die Nettoexporte schwanken schwächer als das Bruttoinandsprodukt, die Volatilität der Nettoexporte beträgt durchschnittlich 61% der des Bruttoinlandsprodukts. Die Korrelation der beiden Variablen ist negativ, d.h. die Nettoexporte verhalten sich antizyklisch zum Bruttoinlandsprodukt.

- Sowohl die Terms of Trade als auch die Nettoexporte sind sehr persistent. Die Autokorrelation der Terms of Trade beträgt im Schnitt 0.83 und die der Nettoexporte 0.74.

- Die kontemporäre Korrelation von Nettoexporten und den Terms of Trade ist tendentiell negativ.

4.2 Die Modellstruktur

Betrachtet wird eine aus zwei symmetrischen Ländern bestehende Welt, wobei länderspezifische Variablen im folgenden mit $l = h, f$ indiziert werden. Die Bevölkerung wird in beiden Ländern als konstant unterstellt. Der erwartete, diskontierte Nutzen des repräsentativen Haushalts wird durch folgende Funktion beschrieben:

$$U_{lt} = E \sum_{t=0}^{\infty} \beta^t u(c_{lt}, h_{lt}), \qquad 0 < \beta < 1, \qquad l = h, f, \tag{4.1}$$

wobei c_{ij} der Konsum und h_{ij} der Arbeitseinsatz des Haushalts zum Zeitpunkt j im Land i ist. Der Parameter β ist der subjektive Diskontfaktor der Haushalte. Die Perioden-Nutzenfunktion lautet:

$$u(c_{lj}, h_{lj}) = \frac{[c_{lt}^{\mu}(1 - h_{it})^{1-\mu}]^{\gamma}}{\gamma}, \qquad 0 < \mu < 1,\ \gamma < 1,\ \gamma \neq 0. \tag{4.2}$$

Die dem Haushalt insgesamt für Arbeit und Freizeit zur Verfügung stehende Zeit ist auf eins normiert worden. Mit Hilfe des Parameters γ wird die intertemporale Substitutionselastizität $(\frac{1}{1-\gamma})$ beschrieben. Der Parameter μ dient der unterschiedlichen Gewichtung von Konsum und Freizeit im Rahmen der Nutzenfunktion. Die Parameterrestriktionen gewährleisten, daß der Nutzen in den Argumenten Konsum und Freizeit steigt und die Funktion streng konkav ist.

Nationale Firmen spezialisieren sich auf die Produktion länderspezifischer Güter, je ein homogenes Gut pro Land, die international gehandelt werden können. Die Produktionstechnologie dieser Güter wird in beiden Ländern durch eine Cobb-Douglas-Produktionsfunktion beschrieben. Kapital k_{lt} und Arbeit h_{lt} sind die entsprechenden Einsatzfaktoren. Durch die stationäre Zufallsvariable z_{lt} wird der Technologieschock implementiert, der das Produktionsniveau länderspezifischer Güter variiert[6]. Ein Teil a_{ht} (b_{ft}) der inländischen (ausländischen) Produktion verbleibt im Inland (Ausland), während der Rest a_{ft} (b_{ht}) exportiert wird:

$$a_{ht} + a_{ft} = y_{ht} = z_{ht} k_{ht}^{1-\alpha} h_{ht}^{\alpha}, \tag{4.3}$$

$$b_{ht} + b_{ft} = y_{ft} = z_{ft} k_{ft}^{1-\alpha} h_{ft}^{\alpha}. \tag{4.4}$$

[6] Technischer Fortschritt wird in diesem Modell nicht modelliert.

Für die Logarithmen der länderspezifischen Technologieschocks wird ein stationärer vektorautoregressiver Prozeß erster Ordnung unterstellt:

$$\begin{pmatrix} \ln z_{ht+1} \\ \ln z_{ft+1} \end{pmatrix} = \begin{pmatrix} s_{11} & s_{12} \\ s_{21} & s_{22} \end{pmatrix} \begin{pmatrix} \ln z_{ht} \\ \ln z_{ft} \end{pmatrix} + \begin{pmatrix} \varepsilon^z_{ht+1} \\ \varepsilon^z_{ft+1} \end{pmatrix}, \tag{4.5}$$

$$\text{mit} \quad \begin{pmatrix} \varepsilon^z_{ht} \\ \varepsilon^z_{ft} \end{pmatrix} \sim N(0, \Sigma^z).$$

Die Kapitalakkumulation verläuft in beiden Ländern entsprechend dem folgenden Bewegungsgesetz:

$$k_{lt+1} = (1-\delta)k_{lt} + \Phi(\frac{i_{lt}}{k_{lt}})k_{lt}, \qquad l = h, f, \tag{4.6}$$

wobei i_{lt} die Investitionen bezeichnet und die Funktion $\Phi(\frac{i_{lt}}{k_{lt}})$ die Anpassungskosten der Investitionen beschreibt[7]. Die zwei Güter werden in beiden Ländern durch den Armington-Aggregator zu einem einheitlichen Gut zusammengefaßt, das konsumiert oder investiert werden kann:

$$c_{ht} + i_{ht} = [\omega_1 a_{ht}{}^{-\rho} + \omega_2(\tau_{ht} b_{ht})^{-\rho}]^{-\frac{1}{\rho}} = G^h(a_{ht}, b_{ht}), \qquad \rho \geq -1 \tag{4.7}$$

$$c_{ft} + i_{ft} = [\omega_1 b_{ft}{}^{-\rho} + \omega_2(\tau_{ft} a_{ft})^{-\rho}]^{-\frac{1}{\rho}} = G^f(b_{ft}, a_{ft}), \qquad \rho \geq -1. \tag{4.8}$$

Der Armington-Aggregator ist linear homogen und besitzt in beiden Ländern die gleiche Substitutionselastizität zwischen inländischen und ausländischen Gütern, $\sigma = \frac{1}{1+\rho}$. Die Parameter ω_1 und ω_2 bestimmen die Gewichtung in- und ausländischer Güter im Armington-Aggregator. Die Variablen τ_{ht} und τ_{ft} repräsentieren exogene Schocks, deren Logarithmen ebenfalls einem stationären vektorautoregressiven Prozeß erster Ordnung folgen:

$$\begin{pmatrix} \ln \tau_{ht+1} \\ \ln \tau_{ft+1} \end{pmatrix} = \begin{pmatrix} u_{11} & u_{12} \\ u_{21} & u_{22} \end{pmatrix} \begin{pmatrix} \ln \tau_{ht} \\ \ln \tau_{ft} \end{pmatrix} + \begin{pmatrix} \varepsilon^\tau_{ht+1} \\ \varepsilon^\tau_{ft+1} \end{pmatrix}, \tag{4.9}$$

$$\text{mit} \quad \begin{pmatrix} \varepsilon^\tau_{ht} \\ \varepsilon^\tau_{ft} \end{pmatrix} \sim N(0, \Sigma^\tau).$$

[7]Wie bereits in Kapitel 3 unterstellt, gilt für die Anpassungskostenfunktion: $\Phi' > 0$, $\Phi'' < 0$. Außerdem hat die Funktion im stationären Gleichgewicht ($i_{lt} = i_l, k_{lt} = k_l$) wieder die Eigenschaften: $\Phi(\frac{i_l}{k_l}) = \frac{i_l}{k_l}$ und $\Phi'(\frac{i_l}{k_l}) = 1$.

Diese Schocks können als temporäre Änderungen der Einfuhrbestimmungen oder variierende Transportkosten interpretiert werden und sind bisher in keinem anderen Modell betrachtet worden. Um den Zusammenhang zwischen der länderspezifischen Produktion und den beiden Ausgabenkomponenten Konsum und Investitionen herzustellen, kann man auf die Eigenschaft der linearen Homogenität des Armington-Aggregators zurückgreifen. Bezeichnet man mit p_{lt}^a und p_{lt}^b die Preise in- und ausländischer Güter, ausgedrückt in Einheiten des Endprodukts im Inland, gilt die Beziehung:

$$c_{ht} + i_{ht} = p_{ht}^a * a_{ht} + p_{ht}^b * b_{ht}. \tag{4.10}$$

Implizit wird schon hier unterstellt, daß Marktvollkommenheit gewährleistet ist, da die Preise den jeweiligen Grenzproduktivitäten gleichgesetzt werden. Diese Gleichung läßt sich dann unter Berücksichtigung der Beziehung, $y_{ht} = a_{ht} + a_{ft}$, wie folgt umformen:

$$y_{ht} = \frac{(c_{ht} + i_{ht})}{p_{ht}^a} + (a_{ft} - e_{ht} b_{ht}), \qquad e_{ht} \equiv \frac{p_{ht}^b}{p_{ht}^a} = \frac{\partial G^h / \partial b_{ht}}{\partial G^h / \partial a_{ht}}. \tag{4.11}$$

Die Variable e_{ht} beschreibt die Terms of Trade des Inlandes. Die Terms of Trade sind definiert als Preis der Importe, ausgedrückt in Exporteinheiten. Die obige Gleichung besagt, daß die inländische Produktion mit den Ausgabenkomponenten und dem Außenbeitrag übereinstimmen muß. Für das Ausland erhält man analog:

$$y_{ft} = \frac{(c_{ft} + i_{ft})}{p_{ft}^b} + (b_{ht} - e_{ft} a_{ft}), \qquad e_{ft} \equiv \frac{p_{ft}^a}{p_{ft}^b} = \frac{\partial G^f / \partial a_{ft}}{\partial G^f / \partial b_{ft}}. \tag{4.12}$$

Damit sind die Präferenzen, die Technologie und die Budgetbeschränkungen der beiden Länder spezifiziert. Weiterhin wird unterstellt, daß alle betrachteten Märkte vollkommen sind. Insbesondere existiert ein vollkommener internationaler Finanz- bzw. Versicherungsmarkt. Folglich ist jedes Wettbewerbsgleichgewicht auch Pareto-optimal und man kann sich des Konstrukts eines zentralen Planers bedienen, um das Modell zu lösen.

4.2.1 Das zentrale Planungsproblem

Der zentrale Planer maximiert die Summe der erwarteten Nutzen im In- und Ausland, wobei er den Nutzen der Individuen beider Länder gleich gewichtet. Im Anhang dieses Kapitels wird für eine etwas vereinfachte Problemstellung gezeigt, daß die identische Gewichtung der Nutzen der Individuen beider Länder in der Zielfunktion des Planers der Annahme identischer Ausstattung beider Länder in einer dezentralisierten Ökonomie entspricht. Das Planungsproblem läßt sich dann wie folgt ausdrücken:

$$\max E \sum_{t=0}^{\infty} \beta^t \left\{ \frac{[c_{ht}^{\mu}(1-h_{ht})^{1-\mu}]^{\gamma}}{\gamma} + \frac{[c_{ft}^{\mu}(1-h_{ft})^{1-\mu}]^{\gamma}}{\gamma} \right\}, \tag{4.13}$$

so daß:

$$\begin{aligned}
a_{ht} + a_{ft} &= z_{ht} k_{ht}^{1-\alpha} h_{ht}^{\alpha} = y_{ht}, &(4.14)\\
b_{ht} + b_{ft} &= z_{ft} k_{ft}^{1-\alpha} h_{ft}^{\alpha} = y_{ft}, &(4.15)\\
c_{ht} + i_{ht} &= G^h(a_{ht}, b_{ht}) = [\omega_1 a_{ht}{}^{-\rho} + \omega_2(\tau_{ht} b_{ht})^{-\rho}]^{-\frac{1}{\rho}}, &(4.16)\\
c_{ft} + i_{ft} &= G^f(b_{ft}, a_{ft}) = [\omega_1 b_{ft}{}^{-\rho} + \omega_2(\tau_{ft} a_{ft})^{-\rho}]^{-\frac{1}{\rho}}, &(4.17)\\
k_{lt+1} &= (1-\delta)k_{lt} + \Phi(\frac{i_{lt}}{k_{lt}})k_{lt}, \qquad l = h, f, &(4.18)\\
\begin{pmatrix} \ln z_{ht+1} \\ \ln z_{ft+1} \end{pmatrix} &= \begin{pmatrix} s_{11} & s_{12} \\ s_{21} & s_{22} \end{pmatrix} \begin{pmatrix} \ln z_{ht} \\ \ln z_{ft} \end{pmatrix} + \begin{pmatrix} \varepsilon_{ht+1}^{z} \\ \varepsilon_{ft+1}^{z} \end{pmatrix}, &(4.19)\\
\begin{pmatrix} \ln \tau_{ht+1} \\ \ln \tau_{ft+1} \end{pmatrix} &= \begin{pmatrix} u_{11} & u_{12} \\ u_{21} & u_{22} \end{pmatrix} \begin{pmatrix} \ln \tau_{ht} \\ \ln \tau_{ft} \end{pmatrix} + \begin{pmatrix} \varepsilon_{ht+1}^{\tau} \\ \varepsilon_{ft+1}^{\tau} \end{pmatrix}, &(4.20)\\
\text{mit} \begin{pmatrix} \varepsilon_{ht}^{\tau} \\ \varepsilon_{ft}^{\tau} \end{pmatrix} &\sim N(0, \Sigma^z) \quad \text{und} \quad \begin{pmatrix} \varepsilon_{ht}^{\tau} \\ \varepsilon_{ft}^{\tau} \end{pmatrix} \sim N(0, \Sigma^{\tau}).
\end{aligned}$$

Inländische und ausländische Güter müssen im Optimum so auf beide Länder verteilt werden, daß ihre mit dem Grenznutzen des Konsums gewichteten Grenzproduktivitäten bzgl. des Armington-Aggregators übereinstimmen:

$$\begin{aligned}
\mu c_{ht}^{\mu\gamma-1}(1-h_{ht})^{(1-\mu)\gamma} \frac{\partial G^h}{\partial a_{ht}} &= \mu c_{ft}^{\mu\gamma-1}(1-h_{ft})^{(1-\mu)\gamma} \frac{\partial G^f}{\partial a_{ft}}, &(4.21)\\
\mu c_{ht}^{\mu\gamma-1}(1-h_{ht})^{(1-\mu)\gamma} \frac{\partial G^h}{\partial b_{ht}} &= \mu c_{ft}^{\mu\gamma-1}(1-h_{ft})^{(1-\mu)\gamma} \frac{\partial G^f}{\partial b_{ft}}. &(4.22)
\end{aligned}$$

Der optimale Arbeitseinsatz wird in beiden Ländern so gewählt, daß der Nutzen einer zusätzlichen Einheit Freizeit genau den dadurch entgangenen Nutzen einer zusätzlichen Einheit Arbeit kompensiert:

$$(1-\mu)c_{ht}^{\mu\gamma}(1-h_{ht})^{(1-\mu)\gamma-1} = \mu c_{ht}^{\mu\gamma-1}(1-h_{ht})^{(1-\mu)\gamma}\frac{\partial G^h}{\partial a_{ht}}\alpha\frac{y_{ht}}{h_{ht}}, \quad (4.23)$$

$$(1-\mu)c_{ft}^{\mu\gamma}(1-h_{ft})^{(1-\mu)\gamma-1} = \mu c_{ft}^{\mu\gamma-1}(1-h_{ft})^{(1-\mu)\gamma}\frac{\partial G^f}{\partial b_{ft}}\alpha\frac{y_{ft}}{h_{ft}}. \quad (4.24)$$

Um die intertemporalen Optimalitätsbedingungen zu formulieren, wird zunächst die Variable q_{lt}, $l = h, f$, eingeführt, die wie im Kapitel 3 als Tobinsches q interpretiert werden kann. Man erhält dann:

$$\begin{aligned} q_{ht} &= \beta E_t\{\frac{\mu c_{ht+1}^{\mu\gamma-1}(1-h_{ht+1})^{(1-\mu)\gamma}}{\mu c_{ht}^{\mu\gamma-1}(1-h_{ht})^{(1-\mu)\gamma}}[\frac{\partial G^h}{\partial a_{ht+1}}(1-\alpha)\frac{y_{ht+1}}{k_{ht+1}} \quad (4.25)\\ &\quad +q_{ht+1}(1-\delta)+q_{ht+1}(\Phi(\frac{i_{ht+1}}{k_{ht+1}})-\Phi'(\frac{i_{ht+1}}{k_{ht+1}})\frac{i_{ht+1}}{k_{ht+1}})]\},\\ q_{ft} &= \beta E_t\{\frac{\mu c_{ft+1}^{\mu\gamma-1}(1-h_{ft+1})^{(1-\mu)\gamma}}{\mu c_{ft}^{\mu\gamma-1}(1-h_{ft})^{(1-\mu)\gamma}}[\frac{\partial G^f}{\partial b_{ft+1}}(1-\alpha)\frac{y_{ft+1}}{k_{ft+1}} \quad (4.26)\\ &\quad +q_{ft+1}(1-\delta)+q_{ft+1}(\Phi(\frac{i_{ft+1}}{k_{ft+1}})-\Phi'(\frac{i_{ft+1}}{k_{ft+1}})\frac{i_{ft+1}}{k_{ft+1}})]\},\\ \text{mit}\quad q_{lt} &= \frac{1}{\Phi'(\frac{i_{lt}}{k_{lt}})}, \qquad l = h, f. \end{aligned}$$

Die intertemporalen Optimalitätsbedingungen besagen, daß der Preis eines Kapitalguts zum Zeitpunkt t mit der diskontierten und der Änderung der Grenznutzen gewichteten Summe des marginalen Grenzprodukts einer Kapitaleinheit, des Wiederverkaufswerts der abschreibungsbereinigten Kapitaleinheit und des marginalen Beitrags bezogen auf die Anpassungskosten zum Zeitpunkt $t+1$ übereinstimmt.

Die Optimalitätsbedingungen und die Nebenbedingungen ergeben ein nichtlineares Differenzengleichungssystem. Da sich dieses nichtlineare Differenzengleichungssystem nicht analytisch lösen läßt, wird eine loglineare Approximation an der Stelle des deterministischen, stationären Gleichgewichts, das im nächsten Abschnitt bestimmt wird, vorgenommen. Die loglineare Approximation des Differenzengleichungssystems wird im zweiten Teil des Anhangs zu diesem Kapitel präsentiert[8].

[8] Das linearisierte Differenzengleichungssystem ist dann mit der Methode der unbestimmten Koeffizienten, vgl. Kapitel 2, gelöst worden, wobei das MATLAB-Programm von Uhlig (1997) verwendet worden ist.

4.2.2 Das deterministische, stationäre Gleichgewicht und die Parametrisierung des Modells

Da von technischem Fortschritt in diesem Modell abstrahiert worden ist, wird das deterministische, stationäre Gleichgewicht des Modells durch Konstanz aller betrachteten Variablen beschrieben. Die stochastischen Komponenten z_{ht}, z_{ft}, τ_{ht}, und τ_{ft} werden gleich eins gesetzt. Desweiteren soll das Gleichgewicht global symmetrisch sein, womit die Handelsbilanzen der beiden Länder ausgeglichen sind und die Terms of Trade den Wert eins annehmen:

$$c_h = c_f,\ i_h = i_f,\ h_h = h_f,\ k_h = k_f,\ y_h = y_f,\ a_h = b_f,\ a_f = b_h, \tag{4.27}$$

$$e_h = \frac{p_h^b}{p_h^a} = \frac{\partial G^h/\partial b_{ht}}{\partial G^h/\partial a_{ht}} = \frac{\omega_2}{\omega_1}(\frac{a_h}{b_h})^{\frac{1}{\sigma}} = 1, \tag{4.28}$$

$$e_f = \frac{p_f^a}{p_f^b} = \frac{\partial G^f/\partial a_{ft}}{\partial G^f/\partial b_{ft}} = \frac{\omega_2}{\omega_1}(\frac{b_f}{a_f})^{\frac{1}{\sigma}} = 1. \tag{4.29}$$

Weiterhin wird angenommen, daß im stationären Gleichgewicht die Menge der Endprodukte eines Landes der Menge der Zwischenprodukte entspricht. Infolgedessen sind die Preise p_h^a, p_f^a, p_h^b und p_f^b unter Berücksichtigung von Gleichung 4.10 gleich eins. Die Parameterwerte in Tabelle 4.5 sind aus Gründen der Vergleichbarkeit von BKK übernommen worden, wobei $m := \frac{b_h}{y_h} = \frac{a_f}{y_f}$ die Importquote des In- und des Auslands bezeichnet. Die Gewichte des Armington-Aggregators sind unter Verwendung der folgenden Gleichungen bestimmt worden[9]:

$$\omega_1 = (1-m)^{\rho+1}, \tag{4.30}$$

$$\omega_2 = m^{\rho+1}. \tag{4.31}$$

Für die Elastizität ϵ, die die Anpassungskosten der Investitionen kontrolliert, wird wie im Kapitel 3 der Wert 1/25 gewählt.

Unter den Parametern des Modells nimmt die Substitutionselastizität σ eine herausragende Rolle ein, da sie den Zusammenhang zwischen den Terms of Trade und den Einsatzfaktoren im Armington-Aggregator wesentlich beeinflußt. BKK

[9] Diese Gleichungen folgen aus den Annahmen $y_h = G^h(a_h, b_h)$, $y_f = G^f(b_f, a_f)$ und Gleichungen 4.28, 4.29

Tabelle 4.5: Parameterwerte

Präferenzen			Technologie						
β	μ	γ	α	$\sigma = 1/(1+\rho)$	δ	m	ω_1	ω_2	ϵ
0.99	0.34	-1	0.64	1.5	0.025	0.15	0.897	0.283	1/25

beziehen sich bei ihrer Wahl von σ auf Studien von Stern et al. (1976), Deardorff und Stern (1990, Kapitel 3) und Whalley und Stern (1985, Kapitel 5), in welchen σ für die USA zwischen 1 und 2 geschätzt wird. Sie weisen allerdings darauf hin, daß in Japan und europäischen Ländern die Substitutionselastizität kleiner zu sein scheint. Neuere Arbeiten wie die von Shiells und Reinert (1992) oder von Blonigen und Wilson (1999) schätzen tendenziell geringere Werte für die Substitutionselastizität in den USA. Bei Shiells und Reinert (1992) liegt σ im Mittel bei 0.7, bei Blonigen und Wilson (1999) bei 0.8[10]. Für die Substitutionselastizität wird deshalb im folgenden Abschnitt eine Sensitivitätsanalyse durchgeführt. Unter Einbeziehung der folgenden sechs Gleichungen ist das symmetrische, stationäre Gleichgewicht dann vollständig bestimmt:

$$1 = \beta[(1-\alpha)\frac{y}{k} + (1-\delta)], \tag{4.32}$$

$$\frac{1-\mu}{\mu}\frac{c}{1-h} = \alpha\frac{y}{h}, \tag{4.33}$$

$$y = k^{1-\alpha}h^{\alpha}, \tag{4.34}$$

$$i = \delta k, \tag{4.35}$$

$$y = c + i, \tag{4.36}$$

$$y = a_f + a_h. \tag{4.37}$$

Für die Parameter des vektorautoregressiven Prozesses erster Ordnung, der die Technologieschocks steuert, werden ebenfalls aus Gründen der Vergleichbarkeit die Werte von BKK übernommen. Diese Werte wurden auf der Basis von modifizierten Solow-

[10] Beide Studien schätzen die Substitutionselastiztät auf der Basis disaggregierter Daten für verschieden industrielle Sektoren. Die angegebenen Werte sind Mittelwerte über die Sektoren. Der Wert von Shiells und Reinert (1993) ist das arithmetische Mittel der Elastizitäten aus ihrer Tabelle 4, Spalte 3. Der Wert von Blonigen und Wilson (1997) wird bereits als Mittelwert in ihrer Tabelle 1 angegeben.

Tabelle 4.6: Schätzergebnisse für die G7-Staaten, 1970:1-1994:4.

Land	u	$sd(\varepsilon_t^\tau)$ (in Prozent)
Kanada	0.94	3.464
Frankreich	0.87	4.485
Deutschland	0.95	2.444
Italien	0.87	4.286
Japan	0.96	5.538
GB	0.91	4.048
USA	0.95	3.641
Median	0.94	4.048

Residuen für die USA und ein Aggregat europäischer Staaten geschätzt:

$$S = \begin{pmatrix} s_{11} & s_{12} \\ s_{21} & s_{22} \end{pmatrix} = \begin{pmatrix} 0.906 & 0.088 \\ 0.088 & 0.906 \end{pmatrix},$$

$$\Sigma^z = 0.00852^2 \begin{pmatrix} 1 & 0.258 \\ 0.258 & 1 \end{pmatrix}.$$

Um die Parameter des Prozesses zu schätzen, der die Schocks im Armington-Aggregator beschreibt, wird auf die Terms of Trade zurückgegriffen. Im Wettbewerbsgleichgewicht müssen die Terms of Trade, d.h. der relative Preis der Importe und die Grenzrate der Substitution in- und ausländischer Güter übereinstimmen:

$$e_{ht} = \frac{\omega_2}{\omega_1}(\frac{a_{ht}}{b_{ht}})^{1+\rho}\tau_{ht}^{-\rho}. \tag{4.38}$$

Die Variable τ_{ht} kann somit als Residualgröße bestimmt werden. Bei der Schätzung ist unterstellt worden, daß die länderspezifischen Schocks τ_{lt} im Armington-Aggregator unabhängig voneinander sind und damit als univariate, autoregressive Prozesse erster Ordnung charakterisiert werden können, d.h. die Elemente u_{12} und u_{21} in der Matrix U sowie die Kovarianzen $cov(\varepsilon_{ht}^\tau, \varepsilon_{ft}^\tau)$ in der Varianz-Kovarianzmatrix Σ^τ werden gleich null gesetzt. Die Ergebnisse der Schätzung für die G7-Staaten sind in der Tabelle 4.6 zusamengefaßt.

Der geschätzte autoregressive Prozess erster Ordung für den Schock im Armington-Aggregator ist sehr persistent, die AR(1) Koeffizienten u liegen durchgängig oberhalb von 0.85, der Median beträgt 0.94. Die geschätzten Standardabweichungen der Innovationen $sd(\varepsilon_t^\tau)$ fallen ebenfalls sehr hoch aus. Der Median von 4.048 %

ist fast fünfmal so hoch wie die von BKK übernommene Standardabweichung der Innovationen $sd(\varepsilon_t^z)$ des Schocks im länderspezifischen Produktionsprozeß. Allerdings lassen sich die Standardabweichungen der beiden Schocks nur schwer vergleichen. Technologieschocks variieren das gesamte inländische Produktionsniveau, während die Schocks im Armington-Aggregator importvermehrend bzw. -vermindernd wirken, wobei zu beachten ist, daß Importe nur einen kleinen Anteil an den Einsatzfaktoren im Armington-Aggregator ausmachen. Die Medianwerte der AR(1) Koeffizienten u und der Standardabweichungen der Innovationen $sd(\varepsilon_t^\tau)$ dienen als Grundlage der Parametrisierung des Basismodells. Anschließend wird dann die Sensitivität der Resultate hinsichtlich dieser Parameter getestet. Für den AR(1) Koeffizienten wird das Intervall $[0.87, 0.96]$ und für die Standardabweichung der Innovationen das Intervall $[2.44, 5.54]$ zugrunde gelegt, so daß alle geschätzten Werte enthalten sind.

4.3 Resultate

In diesem Abschnitt werden zunächst die Propagationsmechanismen der Schocks des Basismodells diskutiert. Hierzu eignen sich insbesondere Impuls-Antwort-Funktionen, die die Reaktion der endogenen Variablen des Systems auf eine einmalige Realisation (Impuls) der Innovationen ε_t^z bzw. ε_t^τ in Höhe eines Prozentpunktes beschreiben. Die Ergebnisse des Basismodells werden dann in Form der zweiten Momente präsentiert und sowohl mit den empirischen Werten als auch den Resultaten des Modells von BKK verglichen. Abschließend wird eine Sensitivitätsanalyse der Modellresultate bezüglich der in dieser Arbeit geschätzten Parameter sowie der Substitutionselastizität des Armington-Aggregators durchgeführt.

4.3.1 Die Impuls-Antwort-Funktionen

In Abbildung 4-1 werden die Impuls-Antwort-Funktionen des Technologieniveaus z_{ht}, des Bruttoinlandsprodukts, der Nettoexporte und der Terms of Trade dargestellt, die sich für das Inland ergeben, wenn ein positiver, einprozentiger Technologieschock der inländischen Innovation ε_{ht}^z realisiert wird. Abbildung 4-2 enthält die Impuls-Antwort-Funktionen des Armington-Schocks τ_{ht}, des Bruttoinlandsprodukts, der Terms of Trade und der Nettoexporte im Inland, für einen positiven, einprozentigen Schock der Innovation ε_{ht}^τ im inländischen Armington-Aggregator.

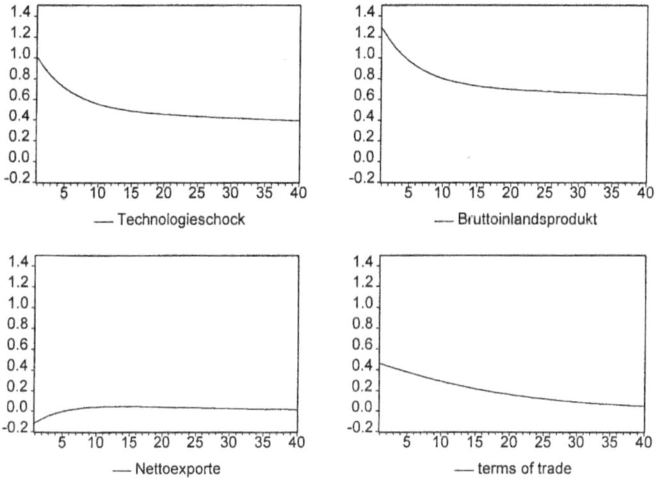

Abildung~4-1: Impuls-Antwort-Funktionen eines inländischen Technologieschocks in Höhe von 1%.

In beiden Abbildungen bezeichnet die Abszisse die Perioden nach dem Schock, während auf der Ordinate die prozentuale Abweichung vom stationären Gleichgewicht abgetragen wird.

Abbildung 4-1 zeigt, daß die dynamische Anpassung des inländischen Outputs fast parallel zum inländischen Technologieniveau verläuft[11]. Die prozentuale Abweichung des inländischen Inlandsprodukts vom stationären Gleichgewicht wird durch einen vermehrten Arbeitseinsatz und eine erhöhte Kapitalakkumulation verstärkt. Die inländischen Terms of Trade steigen dadurch unmittelbar und konvergieren dann ebenfalls monoton zum stationären Gleichgewicht. Verglichen mit der relativen Abweichung des Inlandsprodukts fällt die Abweichung der Terms of Trade vom stationären Gleichgewicht allerdings wesentlich geringer aus, während die Persistenz des Anpassungsprozesses der Terms of Trade größer als die des Inlandsprodukts ist. Die inländischen Nettoexporte fallen zunächst geringfügig und steigen dann, bis

[11] Der durch Technologieschocks ausgelöste dynamische Anpassungsprozeß zum stationären Ausgangsgleichgewicht verläuft in diesem Modell sehr langsam, da einer der Eigenwerte der von Backus et al. (1995) geschätzten Autokorrelationsmatrix S nah bei eins (0.994) liegt.

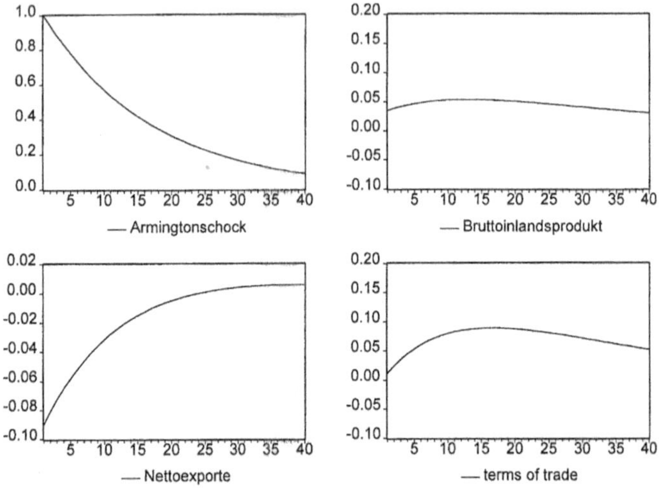

Abildung~4-2: Impuls-Antwort-Funktionen eines Schocks im Armington-Aggregator in Höhe von 1%.

sie nach ca. zwei Jahren ihre maximale, positive relative Abweichung vom stationären Gleichgewicht erreichen. In diesem Zeitraum verhalten sie sich antizyklisch zum inländischen Inlandsprodukt und zu den anderen Größen, insbesondere auch zu den Terms of Trade. Danach nähern auch sie sich monoton dem Ausgangszustand. Das antizyklische Verhalten der Nettoexporte zeigt, daß auch in internationalen Konjunkturmodellen der Investitionsbedarf in Zeiten erhöhter Produktivität, nicht durch die erhöhte inländische Ersparnis kompensiert wird und damit eine Reduktion der Nettoexporte erfordert.

Abbildung 4-2 illustriert, wie die inländischen Größen auf einen positiven, einprozentigen Impuls auf die Schockvariable im inländischen Armington-Aggregator reagieren. Die erhöhte Produktivität der Importe im Armington-Aggregator führt zu einer verstärkten Einfuhr ausländischer Güter und bewirkt einen Anstieg des relativen Importpreises bzw. der inländischen Terms of Trade. Der zusätzliche Einsatz ausländischer Güter im Armington-Aggregator steigert die Produktivität inländischer Güter und bildet damit auch hier einen Anreiz, durch vermehrten Arbeitseinsatz und verstärkte Investitionstätigkeit die inländische Produktion zu erhöhen. Die Nettoexporte fallen in der Ausgangsperiode und steigen dann, um anschließend wieder zum stationären Gleichgewicht zu konvergieren. Im Gegensatz zum Anpassungsprozess im Fall eines inländischen Technologieschocks, steigt das Inlandsprodukt auch in den folgenden Perioden, erreicht nach ca. drei Jahren seine maximale Abweichung und konvergiert dann monoton gegen das Ausgangsgleichgewicht. Ein ähnliches Bild ergibt sich für die inländischen Terms of Trade. Der quantitative Effekt eines Schocks im Armington-Aggregator ist insbesondere für den Output und die Terms of Trade kleiner als der entsprechende Effekt eines Technologieschocks.

4.3.2 Die zweiten Momente des Modells

In diesem Abschnitt werden die zweiten Momente, d.h. die relativen Volatilitäten, die Korrelationen und die Autokorrelationen, für die Basisparametrisierung des Modells präsentiert und mit den stilisierten Fakten verglichen. Außerdem werden die Ergebnisse den entsprechenden Resultaten des Modells von BKK gegenübergestellt.

Tabelle 4.7 enthält die zweiten Momente des Basismodells dieses Kapitels und des Modells von BKK. Die Volatilität der Nettoexporte fällt höher aus als im Modell von BKK, das Verhältnis der Standardabweichung der Nettoexporte zu der des Inlandsprodukts lautet 0.50 und liegt damit dicht am empirischen Wert von 0.61. Bezüglich der Volatilität der Terms of Trade ergeben sich für das Basismodell dieses Kapitels etwas bessere Resultate als für das Modell von BKK. Das Verhältnis der Standardabweichung der Terms of Trade zu der des Inlandsprodukts beträgt hier 0.52 und fällt damit um ca. 50% höher aus als der entsprechende Wert bei BKK. Allerdings bleibt eine deutliche Diskrepanz zum empirischen Wert von 1.60 bestehen.Die Volatilitäten für den Konsum, die Investitionen und den Arbeitseinsatz stehen bei beiden Modellen im Einklang mit den stilisierten Fakten. Die Investitionen schwanken deutlich stärker als das Inlandsprodukt, während der Konsum und der Arbeitseinsatz schwächer als das Inlandsprodukt schwanken. Für die Autokorrelation der Variablen ergeben sich in beiden Modellen ähnliche Ergebnisse. Die Persistenz der simulierten Zeitreihen ist hoch und stimmt damit mit den stilisierten Fakten überein. Desweiteren sind der Konsum, die Investitionen und der Arbeitseinsatz in beiden Modellen positiv mit dem Inlandsprodukt korreliert, während sich die Nettoexporte antizyklisch verhalten. Damit werden auch in dieser Hinsicht

Tabelle 4.7: Ergebnisse des Basismodells und des Modells von BKK.

	Standardabweichung sd(x) in Prozent		Autokorrelation	Korrelation der Variablen mit dem BIP(y)
Variable (x)	sd(x)	sd(x)/sd(y)		
		Das Basismodell		
BIP (y)	1.38	1	0.69	1
Konsum	0.92	0.67	0.73	0.80
Investitionen	5.56	4.03	0.68	0.70
Arbeitseinsatz	0.57	0.41	0.68	0.85
Terms of Trade	0.72	0,52	0.78	0.57
Nettoexporte	0.69	0.50	0.70	-0.17
		Das Modell von BKK		
BIP (y)	1.38	1	0.63	1
Konsum	0.65	0.47	-	0.88
Investitionen	4.80	3.48	-	0.93
Arbeitseinsatz	0.58	0.42	-	0.94
Terms of Trade	0.48	0.35	0.83	0.49
Nettoexporte	0.30	0.22	0.61	-0.64

Anmerkung: Die zweiten Momente der Variablen des Basismodells sind auf der Grundlage Hodrick-Prescott-gefilterter Daten (λ=1600) berechnet worden. Bis auf das Verhältnis der Nettoexporte zum BIP sind die Daten vorher logarithmiert worden. Das Modell ist fünfzigmal simuliert worden, wobei die Simulationen jeweils 100 Perioden umfassen, um der Anzahl der empirischen Beobachtungen zu entsprechen.

die stilisierten Fakten repliziert. Die Korrelation der Terms of Trade mit dem Inlandsprodukt fällt in beiden Modellen positiv aus. Empirisch konnte hingegen nur eine schwache Korrelation für die Mehrzahl der betrachteten Länder festgestellt werden. Die in Tabelle 4.8 aufgeführte Kreuzkorrelation von Nettoexporten und Terms of Trade entspricht in beiden Modellen dem empirischen Muster. Die kontemporäre Korrelation ist negativ, wobei sie für positive Werte von j steigt und für negative Werte abnimmt.

Damit läßt sich festhalten, daß importvermehrende bzw. -vermindernde Schocks im Armington-Aggregator des Basismodells die Resultate des Modells von BKK in mehrfacher Hinsicht verbessern. Die Volatilität der Nettoexporte steigt deutlich und auch die Volatilität der Terms of Trade wird erhöht. Allerdings ist der quantitative Effekt bezüglich der Volatilität der Terms of Trade nicht ausreichend, um die Preisanomalie zu beseitigen. Im nächsten Abschnitt soll nun untersucht werden, ob eine Variation der geschätzten Parameter des Schockprozesses in den entsprechenden Intervallen oder eine Variation der Substitutionselastizität zu anderen Ergebnissen führen.

Tabelle 4.8: Die Kreuzkorrelation der Terms of Trade (e) mit den Nettoexporten (nx).

	Kreuzkorrelation (e_t, nx_{t+j})								
	j								
	-4	-3	-2	-1	0	1	2	3	4
Basismodell	-0.36	-0.37	-0.35	-0.31	-0.23	0.01	0.18	0.28	0.34
Modell von BKK	-0.46	-0.49	-0.49	-0.46	-0.41	0.07	0.36	0.52	0.59

Anmerkung: Die zweiten Momente der Variablen des Basismodells sind auf der Grundlage Hodrick-Prescott-gefilterter Daten (λ=1600) berechnet worden. Die Daten der *Terms of trade* sind vorher logarithmiert worden. Das Modell ist fünfzigmal simuliert worden, wobei die Simulationen jeweils 100 Perioden umfassen, um der Anzahl der empirischen Beobachtungen zu entsprechen.

4.3.3 Sensitivitätsanalyse

Bei der Parametrisierung des Modells ist bereits angesprochen worden, daß die Substitutionselastizität des Armington-Aggregators in neueren empirischen Arbeiten kleiner als der von BKK verwendete Wert, geschätzt worden ist. In diesem Abschnitt soll nun die Sensitivität des Modells bzgl. einer Variation der Substitutionselastizität getestet werden, wobei der Vollständigkeit halber auch die Auswirkungen einer größeren Substitutionselastizität untersucht werden. Die jeweiligen Werte für die Substitutionselastizität σ lauten $\sigma_1 = 0.5$ und $\sigma_2 = 2.5$. Zudem werden anstelle der Medianwerte die Grenzwerte der geschätzten Intervalle für den Autokorrelationsparameter und die Standardabweichung des Schockprozesses im Armington-Aggregator verwendet, um die Sensitivität des Modells hinsichtlich dieser Größen zu testen. Die entsprechenden Werte lauten $u_1 = 0.87$ und $u_2 = 0.96$ sowie $sd_1(\varepsilon^{\tau}) = 0.0244$ und $sd_2(\varepsilon^{\tau}) = 0.0554$.

Die Variation des Autokorrelationsparameters führt zu keinen nennenswerten Änderungen der Modellresultate, weshalb lediglich die Ergebnisse für die beiden Substitutionselastizitäten und die zwei Standardabweichungen in Tabelle 4.9 und Tabelle 4.10 zusammengefaßt werden. Gegenüber Variationen der Standardabweichungen der Schocks im Armington-Aggregator erweist sich das Modell als überraschend stabil. Obwohl der Standardfehler von 2.44% auf 5.54% mehr als verdoppelt wird, steigt lediglich die Volatilität der Nettoexporte um mehr als 100%. Insbesondere in Bezug auf die Terms of Trade bedeutet dies, daß der empirisch zu rechtfertigende Bereich keinen Wert für den Standardfehler zuläßt, der die Preisanomalie beseitigen könnte. Ein kleinerer Wert für die Substitutionselastizität ($\sigma = 0.5$) führt zu Schwankungen der Terms of Trade, die quantitativ in etwa der Volatilität des Inlandsprodukts

Tabelle 4.9: Resultate des Modells mit Variationen in σ und τ.

Variable (x)	Standardabweichung sd(x) in Prozent sd(x)	sd(x)/sd(y)	Autokorrelation	Korrelation der Variablen mit dem BIP(y)
		σ_1= 0.5		
BIP(y)	1.36	1	0.69	1
Konsum	0.78	0.57	0.73	0.95
Investitionen	4.36	3.21	0.68	0.91
Arbeitseinsatz	0.67	0.49	0.67	0.74
Terms of Trade	1.35	0.99	0.70	0.23
Nettoexporte	0.46	0.34	0.67	-0.25
		σ_2= 2.5		
BIP(y)	1.39	1	0.69	1
Konsum	0.77	0.55	0.73	0.84
Investitionen	4.26	3.07	0.68	0.92
Arbeitseinsatz	0.54	0.39	0.67	0.81
Terms of Trade	0.62	0.45	0.74	0.47
Nettoexporte	0.60	0.43	0.70	-0.01
		$sd_1(\tau_h)$ =$sd_1(\tau_f)$ = 0.0244		
BIP(y)	1.37	1	0.69	1
Konsum	0.80	0.58	0.73	0.87
Investitionen	4.45	3.25	0.68	0.82
Arbeitseinsatz	0.50	0.37	0.69	0.90
Terms of Trade	0.66	0.48	0.74	0.60
Nettoexporte	0.44	0.32	0.69	-0.23
		$sd_2(\tau_h)$ =$sd_2(\tau_f)$ = 0.0554		
BIP(y)	1.40	1	0.70	1
Konsum	1.06	0.76	0.73	0.74
Investitionen	6.80	4.86	0.69	0.62
Arbeitseinsatz	0.64	0.46	0.69	0.80
Terms of Trade	0.79	0.56	0.81	0.55
Nettoexporte	0.93	0.66	0.70	-0.15

Anmerkung: Die zweiten Momente der Variablen sind auf der Grundlage Hodrick-Prescott-gefilterter Daten (λ=1600) berechnet worden. Bis auf das Verhältnis der Nettoexporte zum BIP sind die Daten vorher logarithmiert worden. Das Modell ist fünfzigmal simuliert worden, wobei die Simulationen jeweils 100 Perioden umfassen, um der Anzahl der empirischen Beobachtungen zu entsprechen.

Tabelle 4.10: Die Kreuzkorrelation der Terms of Trade (e) mit den Nettoexporten (nx).

	Kreuzkorrelation (e_t, nx_{t+j})								
	j								
	-4	-3	-2	-1	0	1	2	3	4
σ=0.5	-0.08	-0.23	-0.43	-0.67	-0.96	-0.62	-0.36	-0.16	0.01
σ=2.5	-0.29	-0.36	-0.43	-0.51	-0.58	-0.27	-0.04	0.12	0.23
sd(τ)=2.44	-0.30	-0.32	-0.33	-0.33	-0.30	-0.04	0.14	0.26	0.32
sd(τ)=5.54	-0.41	-0.41	-0.38	-0.31	-0.20	0.04	0.21	0.32	0.38

Anmerkung: Die zweiten Momente der Variablen sind auf der Grundlage Hodrick-Prescott-gefilterter Daten (λ=1600) berechnet worden. Die Daten der *Terms of trade* sind vorher logarithmiert worden. Das Modell ist fünfzigmal simuliert worden, wobei die Simulationen jeweils 100 Perioden umfassen, um der Anzahl der empirischen Beobachtungen zu entsprechen.

entsprechen. Zugleich nimmt das Verhältnis der Volatilität der Nettoexporte zu der des Inlandsprodukts ab. Die Autokorrelationen und die Korrelationen der Variablen mit dem Inlandsprodukt ändern sich kaum, nur die kontemporäre Korrelation der Nettoexporte und der Terms of Trade sowie die Kreuzkorrelationen sinken. Für den aus empirischer Sicht zu bevorzugenden Wert von $\sigma = 0.5$ bedeutet dies, daß die quantitative Wirkung der Schocks im Armington-Aggregator, insbesondere in Bezug auf die Volatilität der Terms of Trade, vergrößert und damit die Fähigkeit des Modells, die stilisierten Fakten zu replizieren, verbessert wird. Ein größerer Wert für die Substitutionselastizität ($\sigma = 2.5$) vermindert den Effekt der Schocks im Armington-Aggregator sowohl in Bezug auf die Volatilität der Terms of Trade als auch hinsichtlich der Volatilität der Nettoexporte. Darüberhinaus lassen sich sonst kaum erwähnenswerte Änderungen beobachten.

4.4 Fazit

In diesem Kapitel ist eine erweiterte Fassung des Zwei-Länder-zwei-Güter-Modells von Backus et al. (1994) vorgestellt worden. Der Ausgangspunkt der Überlegungen ist die Preisanomalie, die besagt, daß die Volatilität der Terms of Trade in internationalen Konjunkturmodellen nur einen Bruchteil der empirischen Volatilität beträgt. Deshalb ist in diesem Kapitel neben den Technologieschocks ein weiterer exogener Schock eingeführt worden, der importvermehrend bzw. -vermindernd wirkt und als Variation von Transportkosten oder Einfuhrbestimmungen interpretiert werden kann. Die Parameter des Prozesses dieser Schocks sind unter Verwendung der Bedingungen erster Ordnung des Wettbewerbsgleichgewichts auf der Grundlage entsprechender Daten für die G7-Staaten geschätzt worden. Die Berücksichtigung dieser zusätzlichen Schocks im Modell führt zu einer Erhöhung der Volatilität der Terms of Trade sowie zu einer Verbesserung der Modellresultate bezüglich der Nettoexporte. Desweiteren wird die Aussagekraft des Modells hinsichtlich der bereits replizierten Fakten durch die Modellerweiterung nicht beeinträchtigt. Der quantitative Effekt der zusätzlichen Schocks ist allerdings nicht ausreichend, um die Preisanomalie vollständig zu beseitigen. Dies gilt sowohl im Basismodell dieses Kapitels als auch für alternativ parametrisierte Versionen des Modells.

4.5 Anhang zu Kapitel 4

4.5.1 Zentrales Planungsproblem vs. Wettbewerbsgleichgewicht

In diesem Teil des Anhangs wird gezeigt, daß die identische Gewichtung der Nutzen der Individuen des In- und Auslands in der Zielfunktion des Planers der Annahme einer gleichen Ausstattung bzw. von gleichen Anteilen am diskontierten Weltvermögen in einer dezentralisierten Ökonomie entspricht. Dazu wird zunächst die Gleichgewichtsallokation einer dezentralisierten Ökonomie unter der Annahme vollständiger Märkte bestimmt. Dem ersten Satz der Wohlfahrtstheorie zufolge ist dieses Gleichgewicht Pareto-optimal und kann daher auch mit Hilfe des Konstrukts eines zentralen Planers bestimmt werden. Hierbei muß man als Zielfunktion die Summe der gewichteten Nutzen der repräsentativen Agenten beider Länder wählen.

Um die Ausführungen auf das wesentliche Problem zu beschränken, wird eine stark vereinfachten Darstellung verwendet, die sich an Obstfeld und Rogoff (1996, Kapitel 5) orientiert. Das folgende Zwei-Länder-Modell umfaßt zwei Perioden und ein Gut, wobei das länderspezifische Einkommen y_{l1} der ersten Periode gegeben und das länderspezifische Einkommen der zweiten Periode $y_{l2}(s)$ mit Risiko behaftet ist. Die Menge S der möglichen Zustände der Welt in der zweiten Periode, die das Einkommen in dieser Periode bestimmen, ist diskret. Die Wahrscheinlichkeit, daß der Zustand $s \in S$ eintritt, wird mit $\pi(s)$ bezeichnet. Es existiert ein vollständiger Markt für Arrow-Debreu-Wertpapiere $b_{l2}(s)$. Der Haushalt aus dem Land l erhält in der zweiten Periode $b_{l2}(s)$ Einheiten des Gutes, wenn der Zustand $s \in S$ eintritt.

Der Preis eines Wertpapiers $b_{l2}(s)$ in der ersten Periode lautet $p(s)/(1+r)$, wobei r den sicheren Weltmarktzins bezeichnet. Die repräsentativen Agenten beider Länder maximieren ihren erwarteten Nutzen über die zwei Perioden:

$$\max \frac{c_{l1}^{\gamma}}{\gamma} + \beta \sum_{s=1}^{\bar{S}} \pi(s)[\frac{c_{l2}^{\gamma}(s)}{\gamma}], \qquad l = 1,2 \qquad s \in S = \{1, 2, .. \bar{S}\}, \tag{4.39}$$

wobei ihre Budgetbeschränkungen wie folgt lauten:

$$c_{l1} + \sum_{s=1}^{\bar{S}} \frac{p(s)}{1+r} b_{l2}(s) = y_1 \tag{4.40}$$

$$c_{l2}(s) = y_{l2}(s) + b_{l2}(s), \qquad l = 1,2, \tag{4.41}$$

$$\text{mit} \quad s \in S = \{1, 2, .. \bar{S}\}.$$

Löst man die Budgetbeschränkungen nach c_{1l} und c_{2l} auf und setzt sie in das Nutzenmaximierungskalkül ein, erhält man:

$$\max_{b_{l2}(s)} \frac{[y_{l1} - \sum_{s=1}^{\bar{S}} \frac{p(s)}{1+r} b_{l2}(s)]^{\gamma}}{\gamma} + \beta \sum_{s=1}^{\bar{S}} \pi(s) \frac{[y_{l2}(s) + b_{l2}(s)]^{\gamma}}{\gamma}, \qquad l = 1,2, \tag{4.42}$$

$$\text{mit} \quad s \in S = \{1, 2, .. \bar{S}\}.$$

Die notwendigen Bedingungen erster Ordnung lauten:

$$c_{l2}(s) = [\frac{\beta \pi(s)(1+r)}{p(s)}]^{\frac{1}{1-\gamma}} c_{l1}, \qquad l = 1,2, \tag{4.43}$$

$$\frac{p(s)}{p(s')} = \frac{\pi(s) c_{l2}^{\gamma-1}(s)}{\pi(s') c_{l2}^{\gamma-1}(s')}, \qquad l = 1,2, \tag{4.44}$$

$$\text{mit} \quad s \in S = \{1, 2, .. \bar{S}\}.$$

Im Gleichgewicht muß die Summe des Konsums beider Länder in jeder Periode mit der Summe der Einkommen in den zwei Ländern bzw. dem Welteinkommen y^w übereinstimmen:

$$c_{11} + c_{21} = y_{11} + y_{21} = y_1^w, \tag{4.45}$$

$$c_{12}(s) + c_{22}(s) = y_{12}(s) + y_{22}(s) = y_2^w(s), \qquad s \in S = \{1, 2, .. \bar{S}\}. \tag{4.46}$$

Aus den Bedingungen erster Ordnung und der Weltressourcenbeschränkung folgt dann:

$$\frac{c_{12}(s)}{c_{12}(s')} = \frac{y_2^w(s)}{y_2^w(s')} = \frac{c_{22}(s)}{c_{22}(s')}, \qquad \frac{c_{12}(s)}{c_{11}} = \frac{y_2^w(s)}{y_1^w} = \frac{c_{22}(s)}{c_{21}}, \tag{4.47}$$

für alle möglichen Zustände $s \in S$ der Welt in der zweiten Periode. Dies bedeutet, daß der anteilige Konsum eines Landes bezogen auf das Welteinkommen, sowohl über die Zeit als auch über alle möglichen Zustände der Welt in der zweiten Periode konstant ist. Der Konsumanteil μ bzw. $1-\mu$ eines Landes am Welteinkommen muß dem Einkommensanteil des Landes bezogen auf das diskontierte Welteinkommen entsprechen, damit die Budgetbeschränkung nicht verletzt wird. μ bzw. $1-\mu$ wird somit durch die relative Einkommens- oder Vermögensaustattung determiniert:

$$\frac{c_{11}}{y_1^w} = \frac{c_{12}(s)}{y_2^w(s)} = \mu, \qquad \frac{c_{21}}{y_1^w} = \frac{c_{22}(s)}{y_2^w(s)} = 1-\mu, \qquad \forall s \in S, \qquad 0 < \mu < 1 \tag{4.48}$$

Nun soll gezeigt werden, daß das zentrale Planungsproblem bei geeigneter Wahl der Gewichte in der Zielfunktion zu einer identischen Allokation führt:

$$\max \kappa\left(\frac{c_{11}^\gamma}{\gamma} + \beta \sum_{s=1}^{\bar{S}} \pi(s)\frac{c_{12}^\gamma(s)}{\gamma}\right) + (1-\kappa)\left(\frac{c_{21}^\gamma}{\gamma} + \beta \sum_{s=1}^{\bar{S}} \pi(s)\frac{c_{22}^\gamma(s)}{\gamma}\right), \tag{4.49}$$

$$\text{mit} \qquad 0 < \kappa < 1.$$

unter den Nebenbedingungen:

$$c_{11} + c_{21} = y_1^w, \tag{4.50}$$

$$c_{12}(s) + c_{22}(s) = y_s^w(s). \tag{4.51}$$

Hier lauten die notwendigen Bedingungen erster Ordnung:

$$\kappa c_{11}^{\gamma-1} = (1-\kappa)c_{21}^{\gamma-1}, \tag{4.52}$$

$$\kappa c_{12}^{\gamma-1}(s) = (1-\kappa)c_{22}^{\gamma-1}(s), \qquad \forall s \in S. \tag{4.53}$$

Die Beziehung zwischen den Gewichten κ bzw. $1-\kappa$ und den relativen Vermögensanteilen μ bzw. $1-\mu$ kann wie folgt bestimmt werden:

$$\left(\frac{\kappa}{1-\kappa}\right)^{\frac{1}{\gamma-1}} = \frac{c_{21}}{c_{11}} = \frac{c_{22}(s)}{c_{12}(s)} = \frac{1-\mu}{\mu}, \tag{4.54}$$

$$\Rightarrow \quad \kappa = \frac{\mu^{1-\gamma}}{\mu^{1-\gamma} + (1-\mu)^{1-\gamma}}, \tag{4.55}$$

$$\mu \quad = \quad 0.5 \Rightarrow \kappa = 1 - \kappa = 0.5. \tag{4.56}$$

Im Modell dieses Kapitels sind die Länder symmetrisch, also auch gleich groß. Dies bedeutet, daß das Vermögen in Form der Anfangsausstattung und der Summe der diskontierten erwarteten Einkommensströme identisch ist. Folglich ist auch der Vermögensanteil der Länder am Weltvermögen identisch. Um unter diesen Voraussetzungen die Wettbewerbsallokation mit Hilfe eines zentralen Planers zu replizieren, muß der Planer als Zielfunktion die gewichtete Summe der Nutzen der repräsentativen Agenten beider Länder maximieren, wobei die Gewichte der Herleitung zufolge übereinstimmen müssen.

4.5.2 Die loglineare Approximation

In diesem Teil des Anhangs wird die Transformation der Optimalitäts- und Nebenbedingungen des zentralen Planungsproblems des Modells in ein um das deterministische, stationäre Gleichgewicht approximiertes, loglineares System durchgeführt. Die durch ein Dach gekennzeichneten Variablen bezeichnen wiederum die relative Abweichung der Größen vom deterministischen, stationären Gleichgewicht.

Zunächst werden die Grenzproduktivitäten in- und ausländischer Güter des jeweiligen Armington-Aggregators durch die entsprechenden Preise ersetzt, wodurch die übrigen Gleichungen wesentlich vereinfacht werden können:

$$\hat{p}^a_{ht} = \frac{(1+\rho)\omega_2 b_h^{-\rho}}{\omega_1 a_h^{-\rho} + \omega_2 b_h^{-\rho}} \hat{b}_{ht} - \frac{(1+\rho)\omega_2 b_h^{-\rho}}{\omega_1 a_h^{-\rho} + \omega_2 b_h^{-\rho}} \hat{a}_{ht} + \frac{(1+\rho)\omega_2 b_h^{-\rho}}{\omega_1 a_h^{-\rho} + \omega_2 b_h^{-\rho}} \hat{\tau}_{ht}, \tag{4.57}$$

$$\hat{p}^b_{ht} = \frac{(1+\rho)\omega_1 a_h^{-\rho}}{\omega_1 a_h^{-\rho} + \omega_2 b_h^{-\rho}} \hat{a}_{ht} - \frac{(1+\rho)\omega_1 a_h^{-\rho}}{\omega_1 a_h^{-\rho} + \omega_2 b_h^{-\rho}} \hat{b}_{ht} + \frac{\omega_2 b_h^{-\rho} - \rho\omega_1 a_h^{-\rho}}{\omega_1 a_h^{-\rho} + \omega_2 b_h^{-\rho}} \hat{\tau}_{ht}, \tag{4.58}$$

$$\hat{p}^a_{ft} = \frac{(1+\rho)\omega_1 b_f^{-\rho}}{\omega_1 b_f^{-\rho} + \omega_2 a_f^{-\rho}} \hat{b}_{ft} - \frac{(1+\rho)\omega_1 b_f^{-\rho}}{\omega_1 b_f^{-\rho} + \omega_2 a_f^{-\rho}} \hat{a}_{ft} + \frac{\omega_2 a_f^{-\rho} - \rho\omega_1 b_f^{-\rho}}{\omega_1 b_f^{-\rho} + \omega_2 a_f^{-\rho}} \hat{\tau}_{ft}, \tag{4.59}$$

$$\hat{p}^b_{ft} = \frac{(1+\rho)\omega_2 a_f^{-\rho}}{\omega_1 b_f^{-\rho} + \omega_2 a_f^{-\rho}} \hat{a}_{ft} - \frac{(1+\rho)\omega_2 a_f^{-\rho}}{\omega_1 b_f^{-\rho} + \omega_2 a_f^{-\rho}} \hat{b}_{ft} + \frac{(1+\rho)\omega_2 a_f^{-\rho}}{\omega_1 b_f^{-\rho} + \omega_2 a_f^{-\rho}} \hat{\tau}_{ft}\,. \tag{4.60}$$

Die Nebenbedingungen 4.14 - 4.20 lauten dann:

$$\hat{y}_{lt} = \hat{z}_{lt} + (1-\alpha)\,\hat{k}_{lt} + \alpha\,\hat{h}_{lt}, \qquad l = h, f, \tag{4.61}$$

$$\hat{y}_{ht} = \frac{a_h}{y_h}\,\hat{a}_{ht} + \frac{a_f}{y_h}\,\hat{a}_{ft}, \tag{4.62}$$

$$\hat{y}_{ft} = \frac{b_h}{y_h}\,\hat{b}_{ht} + \frac{b_f}{y_f}\,\hat{b}_{ft}, \tag{4.63}$$

$$\frac{a_l}{y_l}\,\hat{a}_{lt} + \frac{a_l}{y_l}\,\hat{p}^a_{lt} + \frac{b_l}{y_l}\,\hat{b}_{lt} + \frac{b_l}{y_l}\,\hat{p}^b_{lt} = \frac{c_l}{y_l}\,\hat{c}_{lt} + \frac{i_l}{y_l}\,\hat{i}_{lt}, \qquad l = h, f, \tag{4.64}$$

$$\hat{k}_{lt+1} = (1-\delta)\,\hat{k}_{lt} + \delta\,\hat{i}_{lt}, \qquad l = h, f, \tag{4.65}$$

$$\begin{pmatrix} \hat{z}_{ht+1} \\ \hat{z}_{ft+1} \end{pmatrix} = \begin{pmatrix} s_{11} & s_{12} \\ s_{21} & s_{22} \end{pmatrix} \begin{pmatrix} \hat{z}_{ht} \\ \hat{z}_{ft} \end{pmatrix} + \begin{pmatrix} \varepsilon^z_{ht+1} \\ \varepsilon^z_{ft+1} \end{pmatrix}, \tag{4.66}$$

$$\begin{pmatrix} \hat{\tau}_{ht+1} \\ \hat{\tau}_{ft+1} \end{pmatrix} = \begin{pmatrix} u_{11} & u_{12} \\ u_{21} & u_{22} \end{pmatrix} \begin{pmatrix} \hat{\tau}_{ht} \\ \hat{\tau}_{ft} \end{pmatrix} + \begin{pmatrix} \varepsilon^\tau_{ht+1} \\ \varepsilon^\tau_{ft+1} \end{pmatrix}, \tag{4.67}$$

Die Optimalitätsbedingungen 4.21 - 4.26 lauten dann:

$$\begin{aligned} (\mu\gamma-1)\,\hat{c}_{ht} - (1-\mu)\gamma\frac{h_h}{1-h_h}\,\hat{h}_{ht} + \hat{p}^b_{ht} &= (\mu\gamma-1)\,\hat{c}_{ft} \\ &\quad -(1-\mu)\gamma\frac{h_f}{1-h_f}\,\hat{h}_{ft} + \hat{p}^b_{ft}, \end{aligned} \tag{4.68}$$

$$\begin{aligned} (\mu\gamma-1)\,\hat{c}_{ht} - (1-\mu)\gamma\frac{h_h}{1-h_h}\,\hat{h}_{ht} + \hat{p}^a_{ht} &= (\mu\gamma-1)\,\hat{c}_{ft} \\ &\quad -(1-\mu)\gamma\frac{h_f}{1-h_f}\,\hat{h}_{ft} + \hat{p}^a_{ft}, \end{aligned} \tag{4.69}$$

$$\hat{c}_{ht} + \left(\frac{1}{1-h_h}\right)\hat{h}_{ft} = \hat{p}^a_{ht} + \hat{y}_{ht}, \tag{4.70}$$

$$\hat{c}_{ft} + \left(\frac{1}{1-h_f}\right)\hat{h}_{ft} = \hat{p}^b_{ft} + \hat{y}_{ft}, \tag{4.71}$$

$$\hat{q}_{lt} = \epsilon\,\hat{i}_{lt} - \epsilon\,\hat{k}_{lt}, \qquad l = h, f, \qquad \epsilon \equiv -\frac{\Phi''(\frac{i}{k})}{\Phi'(\frac{i}{k})}\frac{i}{k}, \tag{4.72}$$

$$
\begin{aligned}
(\mu\gamma - 1)\,\hat{c}_{ht} - (1-\mu)\gamma\frac{h_h}{1-h_h}\,\hat{h}_{ht} &= E_t\{(\mu\gamma - 1)\,\hat{c}_{ht+1} \\
+\,\hat{q}_{ht} \qquad & \quad -(1-\mu)\gamma\frac{h_h}{1-h_h}\,\hat{h}_{ht+1} + \beta\,\hat{q}_{ht+1} \\
& \quad +\beta(1-\alpha)\frac{y_h}{k_h}(\hat{p}^{a}_{ht+1} + \hat{y}_{ht+1} - \hat{k}_{ht+1})\},
\end{aligned}
\tag{4.73}
$$

$$
\begin{aligned}
(\mu\gamma - 1)\,\hat{c}_{ft} - (1-\mu)\gamma\frac{h_f}{1-h_f}\,\hat{h}_{ft} &= E_t\{(\mu\gamma - 1)\,\hat{c}_{ft+1} \\
+\,\hat{q}_{ft} \qquad & \quad -(1-\mu)\gamma\frac{h_f}{1-h_f}\,\hat{h}_{ft+1} + \beta\,\hat{q}_{ft+1} \\
& \quad +\beta(1-\alpha)\frac{y_f}{k_f}(\hat{p}^{b}_{ft+1} + \hat{y}_{ft+1} - \hat{k}_{ft+1})\}.
\end{aligned}
\tag{4.74}
$$

Damit ergibt sich ein lineares Differenzengleichungssystem mit 24 Gleichungen in 24 Variablen.

Kapitel 5

Multiple Gleichgewichte in Zwei-Länder-Modellen der realen Konjunkturtheorie

Neben den herkömmlichen Konjunkturmodellen der Real Business Cycle Literatur, in denen exogene Technologieschocks die konjunkturellen Schwankungen verursachen, sind in den letzten Jahren vermehrt Modelle konzipiert worden, deren spezifische Struktur Fluktuationen durch die Existenz multipler Gleichgewichte ermöglicht. Die Analyse multipler Gleichgewichte im Rahmen allgemeiner Gleichgewichtsmodelle konzentrierte sich zunächst auf Modelle überlappender Generationen[1]. In den achtziger Jahren wurde durch die Arbeiten von Romer (1986 und 1990) und Lucas (1988), die die Integration steigender Skalenerträge der gesamtwirtschaftlichen Produktion durch die Annahme monopolistischer Konkurrenz bzw. externer Effekte in das neoklassischen Wachstumsmodell ermöglichen, die Grundlage geschaffen, das Phänomen multipler Gleichgewichte auch im Rahmen allgemeiner Gleichgewichtsmodelle eines repräsentativen Agenten mit unendlicher Lebensdauer zu studieren[2]. Steigende Skalenerträge können dazu führen, daß die sonst charakteristische Eigenschaft der Sattelpunktstabilität des allgemeinen Gleichgewichtsmodells eines repräsentativen Agenten mit unendlicher Lebenszeit aufgehoben wird und das Modell stabil ist[3]. Die Eigenschaft der Stabiltät impliziert, daß ein gleichgewichtiger Anpassungspfad zum stationären Gleichgewicht nicht mehr eindeutig bestimmt werden kann. Unter dem Begriff multipler Gleichgewichte wird also hier die Existenz vieler gleichgewichtiger Anpassungspfade, bei einem in der Regel eindeutigen, stationären Gleichgewicht, verstanden. Im Kontext allgemeiner Gleichgewichtsmodelle, in denen sich die Agenten durch rationale Erwartungen auszeichnen, sind somit auch

[1] Vgl. Azariadis (1981) und Cass und Shell (1983).

[2] Die Diskussion bezüglich der empirischen Relevanz steigender Skalenerträge wurde durch die Arbeiten von Hall (1988, 1990 und 1991) wiederbelebt.

[3] Vgl. Woodford (1991), Benhabib und Farmer (1994) und Rotemberg und Woodford (1995).

die Erwartungen der Agenten nicht länger eindeutig determiniert. Indem direkt die Erwartungen beeinflussende Schocks eingeführt werden, können somit auch ohne exogene Schocks der sogenannten fundamentalen Variablen wie z.B. des Technologieniveaus Fluktuationen erzeugt werden. Um zu veranschaulichen, daß jeder exogene, stochastische Prozeß, der weder Ausstattung und Präferenzen noch die Technologie betrifft, diese Rolle übernehmen kann, ist in der Literatur vorwiegend der Prozeß der Sunspots gewählt worden.

Die Studie von Farmer und Guo (1994) beschäftigt sich mit der Fragestellung, ob ein Modell mit multiplen Gleichgewichten in der Lage ist, einen Beitrag zur Erklärung der empirischen Konjunkturfakten zu leisten. Die Autoren integrieren steigende Skalenerträge und monopolistische Konkurrenz in das Standardmodell der realen Konjunkturtheorie und parametrisieren das Modell entsprechend der bereits beschriebenen Vorgehensweise. Der stochastische Prozeß, der die Erwartungen der Agenten beeinflußt, wird so modelliert, daß die aus dem Modell resultierende Standardabweichung des Bruttoinlandsprodukts den empirischen Wert für die USA repliziert. Technologieschocks werden nicht berücksichtigt. Die Simulationen ihres Modells führen in mehrfacher Hinsicht zu interessanten Ergebnissen. Die zweiten Momente makroökonomischer Größen wie des Konsums, der Investitionen, des Arbeitseinsatzes etc. des Modells mit multiplen Gleichgewichten unterscheiden sich nicht wesentlich von denen des Standardmodells der Real Business Cycle Theorie von Hansen (1985). Die betrachteten Größen weisen eine hohe Persistenz auf, obwohl die Schocks in dem Modell unkorreliert sind. Währendessen wird im Modell von Hansen (1985) die Persistenz der Modellvariablen durch die hohe, exogene Autokorrelation des Technologieniveaus erzeugt. Außerdem schätzen Farmer und Guo (1994) vektorautoregressive Systeme auf der Grundlage empirischer sowie mit Hilfe der beiden Modelle simulierter Daten und vergleichen die Impuls-Antwort-Funktionen, die aus einem Schock des Bruttoinlandsprodukts resultieren. Während der dynamische Anpassungsprozeß der Variablen im System, das auf den simulierten Daten des Hansen (1985) Modells basiert, monoton verläuft, weisen die Impuls-Antwort-Funktionen der anderen beiden Systeme einen zyklisch konvergenten Verlauf auf. Insgesamt erscheint die Existenz multipler Gleichgewichte somit nicht nur aus theoretischer Sicht interessant, sondern liefert auch im Kontext eines einfachen, quantitativen Konjunkturmodells einer geschlossenen Volkswirtschaft vielversprechende Resultate.

In diesem Kapitel wird untersucht, welche Aussagen sich für ein Zwei-Länder-Modell ergeben, wenn beide Länder über einen monopolistischen Sektor mit steigenden Skalenerträgen verfügen. Insbesondere soll geklärt werden, ob auch in diesem Modellrahmen multiple Gleichgewichte existieren und welche Auswirkungen sich daraus für die Eigenschaften des Modells ergeben, falls Erwartungsschocks die Rolle von Technologieschocks übernehmen können. Im Abschnitt 5.1 wird das Modell von Farmer und Guo (1994) vorgestellt, das als Ausgangspunkt der Analyse dient. Im Abschnitt 5.2 wird das Zwei-Länder-Modell beschrieben. Der Abschnitt 5.3 enthält die Resultate der Untersuchungen dieses Kapitels und Abschnitt 5.4 schließt das Kapitel mit einem Fazit.

5.1 Multiple Gleichgewichte in einem Modell einer geschlossenen Volkswirtschaft

In diesem Abschnitt wird das Modell von Farmer und Guo (1994) vorgestellt. In der Modellökonomie wird ein homogenes Endprodukt hergestellt. Einsatzfaktoren im Produktionsprozeß dieses Guts sind eine Vielzahl von Zwischengütern, die von monopolistischen Unternehmen hergestellt werden. Die Bevölkerung wird als konstant unterstellt und von technischem Fortschritt wird abstrahiert.

5.1.1 Der repräsentative Haushalt

Der repräsentative Haushalt besitzt die Produktionsfaktoren Arbeit H_t und Kapital K_t und erhält als Unternehmenseigner alle anfallenden Profite Π_t. Die Erträge der Produktionsfaktoren und die Profite dienen der Finanzierung des Konsums C_t und der Investitionen I_t des Haushalts, die getätigt werden, um den diskontierten erwarteten Nutzen zu maximieren:

$$\max E\{\sum_{t=0}^{\infty} \beta^t (\ln C_t - \varphi \frac{H_t^{1-\gamma}}{1-\gamma})\}, \qquad 0 < \beta < 1, \quad \varphi > 0, \quad \gamma \leq 0. \tag{5.1}$$

Der Parameter β bezeichnet die subjektive Diskontrate des Haushalts, der Parameter φ gewichtet die Arbeitszeit in der Nutzenfunktion und der Parameter γ beschreibt die intertemporale Substitutionselastizität der Arbeitszeit $1/\gamma$.

Die Budgetbeschränkung des Haushalts lautet:

$$C_t + I_t = r_t K_t + w_t H_t + \Pi_t. \tag{5.2}$$

Die Variable w_t steht für den Reallohn und r_t für die Verzinsung des Realkapitals. Die Kapitalakkumulation erfolgt gemäß der Gleichung:

$$K_{t+1} = (1-\delta)K_t + I_t, \tag{5.3}$$

wobei der Parameter δ die Abschreibungsrate darstellt. Die Lagrangefunktion des repräsentativen Haushalts läßt sich dann wie folgt aufstellen:

$$L = E\{\sum_{t=0}^{\infty} \beta^t [\ln C_t - \varphi \frac{H_t^{1-\gamma}}{1-\gamma} - \lambda_t [C_t + K_{t+1} - (r_t + 1 - \delta)K_t - w_t H_t - \Pi_t]]\}. \tag{5.4}$$

Differenziert man die Lagrangefunktion nach $C_t, H_t,$ und K_{t+1} erhält man die folgenden Optimalitätsbedingungen erster Ordnung des repräsentativen Haushalts:

$$\varphi C_t H_t^{-\gamma} = w_t, \tag{5.5}$$

$$\frac{1}{C_t} = \beta E_t\{\frac{r_{t+1} + 1 - \delta}{C_{t+1}}\}. \tag{5.6}$$

Gleichung 5.5 beschreibt die intratemporale Effizienzbedingung des Haushalts, während Gleichung 5.6 die intertemporale Effizienzbedingung des Haushalts darstellt. Neben den notwendigen Bedingungen erster Ordnung, muß der Haushalt die folgende Transversalitätsbedingung beachten:

$$\lim_{t \to \infty} \beta^t \frac{K_t}{C_t} = 0. \tag{5.7}$$

5.1.2 Der Unternehmenssektor

Der Unternehmenssektor gliedert sich in zwei Bereiche. In dem einen, vollständig kompetitiven, Bereich werden die Endprodukte Y_t mit Hilfe einer Dixit-Stiglitz-Technlogie (1977) konstanter Skalenerträge hergestellt. Einsatzfaktoren sind die auf dem Einheitsintervall $i \in [0, 1]$ definierten Zwischenprodukte $y_t(i)$. Konkret lautet die Produktionsfunktion hier:

$$Y_t = (\int_0^1 y_t(i)^\theta di)^{\frac{1}{\theta}}, \qquad 0 < \theta < 1. \tag{5.8}$$

Der Parameter θ determiniert die Nachfrageelastizität der Zwischengüter. Das Optimierungskalkül des repräsentativen Unternehmens im Bereich der Endgüterproduktion lautet:

$$\max \pi_t = (\int_0^1 y_t(i)^\theta di)^{\frac{1}{\theta}} - \int_0^1 p_t(i) y_t(i) di, \tag{5.9}$$

wobei $p_t(i)$ den Preis des Zwischenguts $y_t(i)$ bezeichnet und der Preis des Endguts auf eins normiert worden ist. Differenziert man nach $y_t(i)$, erhält man als notwendige Bedingung erster Ordnung:

$$\begin{aligned} \frac{1}{\theta}(\int_0^1 y_t(i)^\theta di)^{\frac{1}{\theta}-1} \theta y_t(i)^{\theta-1} &= p_t(i) \\ Y_t^{1-\theta} y_t(i)^{\theta-1} &= p_t(i) \\ y_t(i) &= p_t(i)^{\frac{1}{\theta-1}} Y_t. \end{aligned} \tag{5.10}$$

In dem anderen Bereich wird jedes der Zwischengüter von einem Monopolisten produziert, der seine Preis-Absatz-Funktion und die Menge der Endprodukte in Gleichung 5.10 als gegeben betrachtet. Die Produktionsfunktionen der Monopolisten sind identisch, basieren auf den Einsatzfaktoren Arbeit und Kapital und zeichnen sich durch steigende Skalenerträge aus:

$$y_t(i) = z_t k_t(i)^\mu h_t(i)^\nu, \qquad \mu + \nu > 1, \quad \mu, \nu > 0. \tag{5.11}$$

Durch die stationäre Zufallsvariable z_t wird ein Technologieschock eingeführt, der das Produktionsniveau variiert. Für den Logarithmus von z_t wird ein autoregressiver Prozeß erster Ordnung unterstellt:

$$\ln z_{t+1} = \rho \ln z_t + \varepsilon_{t+1}^z, \qquad \varepsilon_t^z \sim N(0, \sigma^2). \tag{5.12}$$

Das Maximierungskalkül eines Monopolisten ergibt sich dann als:

$$\max \pi_t(i) = (\frac{z_t k_t(i)^\mu h_t(i)^\nu}{Y_t})^{\theta-1} z_t k_t(i)^\mu h_t(i)^\nu - w_t h_t - r_t k_t. \qquad (5.13)$$

Die notwendigen Bedingungen erster Ordnung lauten:

$$\frac{\theta\mu y_t(i) p_t(i)}{k_t(i)} = r_t, \qquad (5.14)$$

$$\frac{\theta\nu y_t(i) p_t(i)}{h_t(i)} = w_t. \qquad (5.15)$$

Die Grenzproduktivitäten der Arbeit und des Kapitals liegen um den Markup-Faktor $\frac{1}{\theta}$ über ihren Grenzkosten, so daß sich positive Profite im Zwischengütersektor ergeben[4]. Da die Produktionsbedingungen und die Preis-Absatz-Funktionen der Monopolisten identisch sind, kann unterstellt werden, daß sie sich symmetrisch verhalten:

$$k_t(i) = k_t, \qquad h_t(i) = h_t, \qquad p_t(i) = p_t = 1, \qquad \forall i \in [0,1], \qquad (5.16)$$

wobei aus der Nullgewinnbedingung und der Linearhomogenität der Produktionsfunktion im Endproduktsektor folgt, daß die Preise der Zwischengüter gleich eins sein müssen:

$$(\int_0^1 y_t{}^\theta di)^{\frac{1}{\theta}} = \int_0^1 p_t y_t di, \qquad (5.17)$$

$$\Rightarrow \quad p_t = 1.$$

5.1.3 Das Wettbewerbsgleichgewicht

Bedingt durch die Annahme steigender Skalenerträge in Verbindung mit monopolistischer Konkurrenz im Bereich der Zwischengüter, kann das Konstrukt eines zentralen Planers nicht angewendet werden, um die Wettbewerbssallokation zu bestimmen. Stattdessen werden die Gleichgewichtsbedingungen direkt für die dezentrale Version des Modells determiniert. Das Wettbewerbsgleichgewicht ist dabei wie folgt definiert:

[4] Es wird unterstellt, daß durch Marktzugangsbeschränkungen die Monopolisten vor potentiellen Konkurrenten geschützt werde. Man könnte auch Fixkosten zur Errichtung des Unternehmens einführen, so daß die diskontierte Summe der Gewinne gleich Null ist.

Ein kompetitives Gleichgewicht besteht aus der Allokation $\{C_t, H_t, I_t, K_t\}_{t=0}^{\infty}$ *des repräsentativen Haushalts, aus der Allokation* $\{Y_t, y_t\}_{t=0}^{\infty}$ *des repräsentativen Unternehmens im Endproduktsektor, aus der Allokation* $\{y_t, h_t, k_t\}_{t=0}^{\infty}$ *der Unternehmen im Zwischenproduktsektor und einer Folge von Preisen* $\{w_t, r_t\}_{t=0}^{\infty}$, *so daß gilt:*

1. *Unter Beachtung der Preisfolge* $\{w_t, r_t\}_{t=0}^{\infty}$ *stellt die Allokation des repräsentativen Haushalts eine Lösung seines Maximierungsproblems dar.*

2. *Unter Beachtung der Preisfolge* $\{w_t, r_t\}_{t=0}^{\infty}$ *stellen die Allokationen der Unternehmen Lösungen ihrer Maximierungsprobleme dar.*

3. *Sämtliche Märkte sind geräumt:*

$$
\begin{aligned}
h_t &= H_t, \\
k_t &= K_t, \\
y_t &= Y_t, \\
Y_t &= C_t + I_t.
\end{aligned}
$$

5.1.4 Das deterministische, stationäre Gleichgewicht und die Parameterwerte

Das deterministische, stationäre Gleichgewicht wird durch die folgenden Gleichungen bestimmt:

$$
\begin{aligned}
\frac{1}{\beta} &= m\frac{Y}{K} + 1 - \delta, \quad m \equiv \theta\mu, && (5.18) \\
\varphi\frac{C}{H^{\gamma}} &= n\frac{Y}{H}, \quad n \equiv \theta\nu, && (5.19) \\
\delta &= \frac{I}{K}, && (5.20) \\
Y &= K^{\mu}H^{\nu}, && (5.21) \\
Y &= C + I. && (5.22)
\end{aligned}
$$

Es dient als langfristiger Bezugspunkt bei der Approximation des Differenzengleichungssystems sowie bei der Ermittlung einer Teilmenge der Parameterwerte des Modells. Die von Farmer und Guo (1994) gewählten Parameterwerte sind in Tabelle 5.1 zusammengefaßt worden.

Tabelle 5.1: Parameterwerte von Farmer und Guo (1994).

Präferenzen			Technologie					
β	φ	γ	m	n	θ	δ	ρ	σ
0.99	1.64	0	0.7	0.23	0.58	0.025	0.95	0.007

5.1.5 Die Stabilitätseigenschaften und die Lösung des Modells

Da die Stabilitätseigenschaften des Differenzengleichungssystems des hier betrachteten Modells im Vordergrund stehen, wird in diesem Abschnitt detailliert auf den Lösungsalgorithmus eingegangen. Um zu einer Lösung des nichtlinearen Differenzengleichungssystems des Modells zu gelangen, muß zunächst eine loglineare Approximation an der Stelle des deterministischen, stationären Gleichgewichts vorgenommen werden. Ersetzt man die Preise w_t und r_t mit Hilfe der Gleichungen 5.14 und 5.15 durch reale Größen, erhält man ein lineares Differenzengleichungssystem erster Ordnung in den realen Variablen:

$$k\,\hat{k}_{t+1} = (1-\delta)k\,\hat{k}_t + i\,\hat{i}_t, \tag{5.23}$$

$$y\,\hat{y}_t = c\,\hat{c}_t + i\,\hat{i}_t, \tag{5.24}$$

$$\hat{y}_t = \hat{z}_t + \mu\,\hat{k}_t + \nu\,\hat{h}_t, \tag{5.25}$$

$$\hat{y}_t = \hat{c}_t - (\gamma - 1)\,\hat{h}_t, \tag{5.26}$$

$$-\hat{c}_t = E_t\{-\hat{c}_{t+1} + \beta m \frac{y}{k}(\hat{y}_{t+1} - \hat{k}_{t+1})\}, \tag{5.27}$$

$$\hat{z}_{t+1} = \rho\,\hat{z}_t + \varepsilon^z_{t+1}. \tag{5.28}$$

mit $\hat{c}_t \equiv \dfrac{C_t - C}{C}$, $\hat{i}_t \equiv \dfrac{I_t - I}{I}$, $\hat{h}_t \equiv \dfrac{H_t - H}{H}$, $\hat{y}_t \equiv \dfrac{Y_t - Y}{Y}$, $\hat{k}_t \equiv \dfrac{K_t - K}{K}$.

Die drei Variablen $\hat{y}_t, \hat{h}_t, \hat{i}_t$ können mit Hilfe der Gleichungen 5.24-5.26 durch die Variablen $\hat{k}_t, \hat{c}_t, \hat{z}_t$ ersetzt werden, ohne daß die Ordnung des Differenzengleichungssystems berührt wird:

$$\begin{pmatrix} \hat{y}_t \\ \hat{h}_t \\ \hat{i}_t \end{pmatrix} = M \begin{pmatrix} \hat{k}_t \\ \hat{c}_t \\ \hat{z}_t \end{pmatrix}. \tag{5.29}$$

Das reduzierte System lautet dann in allgemeiner Matrixform:

$$A\begin{pmatrix} \hat{k}_t \\ \hat{c}_t \\ \hat{z}_t \end{pmatrix} = B\begin{pmatrix} \hat{k}_{t+1} \\ \hat{c}_{t+1} \\ \hat{z}_{t+1} \end{pmatrix} + D\begin{pmatrix} e_{t+1} \\ \varepsilon^z_{t+1} \end{pmatrix}, \quad e_{t+1} \equiv \begin{pmatrix} E_t(\hat{k}_{t+1}) - \hat{k}_{t+1} \\ E_t(\hat{c}_{t+1}) - \hat{c}_{t+1} \\ E_t(\hat{z}_{t+1}) - \hat{z}_{t+1} \end{pmatrix}, \quad (5.30)$$

wobei der Vektor e_{t+1} den Prognosefehler bezeichnet. Multipliziert man beide Seiten der Gleichung 5.30 mit der Inversen von A, erhält man:

$$\begin{pmatrix} \hat{k}_t \\ \hat{c}_t \\ \hat{z}_t \end{pmatrix} = J\begin{pmatrix} \hat{k}_{t+1} \\ \hat{c}_{t+1} \\ \hat{z}_{t+1} \end{pmatrix} + R\begin{pmatrix} e_{t+1} \\ \varepsilon^z_{t+1} \end{pmatrix}, \quad J \equiv A^{-1}B, \quad R \equiv A^{-1}D. \quad (5.31)$$

Die Eigenwerte $\lambda^i, i = 1, 2, 3$, der Matrix J determinieren die Stabilitätseigenschaften des Differenzengleichungssystems. Allgemein lassen sich drei Fälle unterscheiden:

1. Das System ist genau dann stabil, wenn alle Eigenwerte außerhalb des Einheitskreises liegen[5]:
$$|\lambda^i| > 1, \quad \text{für alle } i = 1, 2, 3.$$

2. Das System ist genau dann instabil, wenn alle Eigenwerte innerhalb des Einheitskreises liegen:
$$|\lambda^i| < 1, \quad \text{für alle } i = 1, 2, 3.$$

3. Das System ist genau dann sattelpunktstabil, wenn mindestens ein Eigenwert innerhalb und mindestens ein Eigenwert außerhalb des Einheitskreises liegt:

$$|\lambda^i| < 0 \quad \text{und} \quad |\lambda^j| > 0, \quad i \neq j, \quad i, j \in I = (1, 2, 3).$$

Im Standardmodell der Real Business Cycle Theorie liegt genau einer der Eigenwerte innerhalb des Einheitskreises, so daß das Modell sattelpunktstabil ist[6]. Die

[5] Liegen alle Einheitswerte nicht innerhalb des Einheitskreises und mindestens ein Eigenwert auf dem Einheitskreis, wird das ursprüngliche Gleichgewicht nach einer Störung nicht wieder erreicht. In diesem Fall bezeichnet man das Gleichgewicht des Systems als indifferent, vgl. Felderer und Homburg (1994).

[6] Vgl. Kapitel 2, Abschnitt 2.2.

Eigenschaft der Sattelpunktstabilität bedeutet, daß sich $\stackrel{\wedge}{c}_t$ eindeutig als Linearkombination von $\stackrel{\wedge}{k}_t$ und $\stackrel{\wedge}{z}_t$ bestimmt läßt. Zerlegt man $J = Q\Lambda Q^{-1}$ und multipliziert beide Seiten der Gleichung 5.31 mit Q^{-1}, ergibt sich[7]:

$$\begin{pmatrix} x_t^1 \\ x_t^2 \\ x_t^3 \end{pmatrix} = \begin{pmatrix} \lambda^1 & 0 & 0 \\ 0 & \lambda^2 & 0 \\ 0 & 0 & \lambda^3 \end{pmatrix} \begin{pmatrix} x_{t+1}^1 \\ x_{t+1}^2 \\ x_{t+1}^3 \end{pmatrix} + Q^{-1}R \begin{pmatrix} e_{t+1} \\ \varepsilon_{t+1}^z \end{pmatrix}, \qquad (5.32)$$

$$\text{mit} \quad \begin{pmatrix} x_t^1 \\ x_t^2 \\ x_t^3 \end{pmatrix} \equiv Q^{-1} \begin{pmatrix} \stackrel{\wedge}{k}_t \\ \stackrel{\wedge}{c}_t \\ \stackrel{\wedge}{z}_t \end{pmatrix}.$$

Ist z.B. λ^1 der Eigenwert, der innerhalb des Einheitskreises liegt, wird eine Iteration der ersten Gleichung in die Zukunft unter Beachtung von $E_t(e_{t+j}) = E_t(\varepsilon_{t+j}^z) = 0, j \geq 1$ nur dann zu einem endlichen Wert für x_{1t+j} führen, wenn die Anfangsbedingung $x_{1t} = 0$ erfüllt ist[8]. Durch die Bedingung $x_{1t} = 0$ ergibt sich die lineare Beziehung:

$$Q_{11}^{-1} \stackrel{\wedge}{k}_t + Q_{12}^{-1} \stackrel{\wedge}{c}_t + Q_{13}^{-1} \stackrel{\wedge}{z}_t = 0. \qquad (5.33)$$

Substituiert man $\stackrel{\wedge}{c}_t$ im Gleichungssystem 5.29 durch Gleichung 5.33, erhält man:

$$\begin{pmatrix} \stackrel{\wedge}{y}_t \\ \stackrel{\wedge}{h}_t \\ \stackrel{\wedge}{i}_t \\ \stackrel{\wedge}{c}_t \end{pmatrix} = N \begin{pmatrix} \stackrel{\wedge}{k}_t \\ \stackrel{\wedge}{z}_t \end{pmatrix}. \qquad (5.34)$$

Nun kann man auch $\stackrel{\wedge}{i}_t$ in der Kapitalakkumulationsgleichung durch $\stackrel{\wedge}{k}_t$ und $\stackrel{\wedge}{z}_t$ ersetzten und erhält ein stabiles Differenzengleichungssystem in den Zustandsvariablen $\stackrel{\wedge}{k}_t$ und $\stackrel{\wedge}{z}_t$:

$$\begin{pmatrix} \stackrel{\wedge}{k}_{t+1} \\ \stackrel{\wedge}{z}_{t+1} \end{pmatrix} = W \begin{pmatrix} \stackrel{\wedge}{k}_t \\ \stackrel{\wedge}{z}_t \end{pmatrix} + V\varepsilon_{t+1}^z. \qquad (5.35)$$

[7] Die Hauptdiagonale von Λ enthält die Eigenwerte von J, während die restlichen Elemente gleich Null sind. Die Spalten von Q bestehen aus den Eigenvektoren von J.

[8] Die Transversalitätsbedingung 5.7 impliziert die Restriktionen $\lim_{j \to \infty} |x_{it+j}| < \infty, i = 1, 2, .., 8.$

Im Gegensatz zum Standardmodell der Real Business Cycle Theorie kann die Annahme steigender Skalenerträge dazu führen, daß sämtliche Eigenwerte der Matrix J in Gleichung 5.31 außerhalb des Einheitskreises liegen[9]. Folglich läßt sich $\hat{c}_t$ nicht mehr eindeutig als Linearkombination von $\hat{k}_t$ und $\hat{z}_t$ darstellen, d.h. jeder beliebige Wert von $\hat{c}_t$ determiniert einen Anpassungspfad. Unterstellt man, daß die Wahl von $\hat{c}_t$ zufällig durch Sunspots erfolgt, erhält man ein Modell, das auch ohne fundamentale Schocks $\hat{z}_t$ konjunkturelle Schwankungen erzeugen kann. Die Varianz des Technologieschocks ε^z_{t+1} wird deshalb im folgenden gleich null gesetzt. Aus 5.31 erhält man das System :

$$\begin{pmatrix} \hat{k}_t \\ \hat{c}_t \end{pmatrix} = \tilde{J} \begin{pmatrix} \hat{k}_{t+1} \\ \hat{c}_{t+1} \end{pmatrix} + \tilde{R}e_{t+1}. \tag{5.36}$$

Zusätzlich wird eine Zufallsvariable ε^s_{t+1} definiert, die die Sunspots darstellen soll. Während $\hat{k}_0$ gegeben ist, kann man $\hat{c}_0$ einen beliebigen Wert zuordnen. Die Dynamik des Modells wird dann durch das folgende Differenzengleichungssystem beschrieben:

$$\begin{pmatrix} \hat{k}_{t+1} \\ \hat{c}_{t+1} \end{pmatrix} = \tilde{J}^{-1} \begin{pmatrix} \hat{k}_t \\ \hat{c}_t \end{pmatrix} + \begin{pmatrix} 0 \\ \varepsilon^s_{t+1} \end{pmatrix}, \quad \varepsilon^s_{t+1} \sim N(0, \sigma^2(\varepsilon^s)), \tag{5.37}$$

wobei die restlichen Variablen durch das folgende Gleichungssystem beschrieben werden:

$$\begin{pmatrix} \hat{y}_t \\ \hat{h}_t \\ \hat{i}_t \end{pmatrix} = \tilde{M} \begin{pmatrix} \hat{k}_t \\ \hat{c}_t \end{pmatrix}. \tag{5.38}$$

Da die Sunspot-Variable ε^s_{t+1} die Erwartungen der Agenten steuert, bietet das Modell eine Erklärung der Keynesschen Hypothese im Rahmen eines allgemeinen Gleichgewichtsmodells, daß konjunkturelle Schwankungen auf den *animal spirits* der Wirtschaftssubjekte basieren.

[9]Die Eigenwerte des Modells von Farmer und Guo (1994) werden im Abschnitt 5.3, der die Resultate des Kapitels enthält, präsentiert.

5.2 Das Zwei-Länder-Modell

Aufbauend auf dem Modell von Farmer und Guo (1994) wird in diesem Abschnitt ein Zwei-Länder-Modell entwickelt. Insbesondere soll geklärt werden, ob auch in diesem Modellrahmen multiple Gleichgewichte existieren und welche Auswirkungen sich daraus für die Eigenschaften des Modells ergeben. Betrachtet wird eine aus zwei symmetrischen Ländern bestehende Welt, wobei länderspezifische Variablen im folgenden mit $l = h, f$ indiziert werden. In beiden Ländern der Modellökonomie wird ein handelbares, homogenes Endprodukt hergestellt. Einsatzfaktoren im Produktionsprozeß dieses Guts sind eine Vielzahl von Zwischengütern, die nicht international gehandelt werden können und in monopolistischen Sektoren hergestellt werden. Die Bevölkerung der Länder ist konstant und von technischem Fortschritt wird abstrahiert.

5.2.1 Der repräsentative Haushalt

In beiden Ländern besitzen die Haushalte die Produktionsfaktoren Arbeit H_{lt} und Kapital K_{lt} und erhalten als Firmeneigner alle anfallenden Profite Π_{lt}. Außerdem können die Haushalte ausländische Anleihen B_{lt} auf einem internationalen, kompetitiven Kapitalmarkt erwerben. Eine in Periode $t-1$ erworbene Anleihe B_{lt} führt zu der Lieferung eines Guts in Periode t, d.h., es werden ausschließlich einperiodige Anleihen gehandelt. Der Preis einer in Periode t erworbenen Anleihe B_{lt+1} beträgt p_t^b. Die Erträge der Produktionsfaktoren und der Anleihen sowie die Profite werden zur Finanzierung des Konsums C_{lt} und der Investitionen I_{lt} der Haushalte verwendet. Der repräsentative Haushalt in Land $l = h, f$ maximiert den folgenden diskontierten erwarteten Nutzen:

$$\max E\{\sum_{t=0}^{\infty} \beta^t (\ln C_{lt} - \varphi \frac{H_{lt}^{1-\gamma}}{1-\gamma})\}, \qquad 0 < \beta < 1, \quad \varphi > 0, \quad \gamma \leq 0. \tag{5.39}$$

Der Parameter β bezeichnet die subjektive Diskontrate des Haushalts, der Parameter φ gewichtet die Arbeitszeit in der Nutzenfunktion und der Parameter γ beschreibt die intertemporale Substitutionselastizität der Arbeitszeit. Die Budgetbeschränkung des Haushalts ist durch die folgende Gleichung gegeben:

$$C_{lt} + I_{lt} + p_t^b B_{lt+1} = r_{lt} K_{lt} + w_{lt} H_{lt} + \Pi_{lt} + B_{lt}. \tag{5.40}$$

Die Variable w_{lt} bezeichnet den Reallohn und r_{lt} die Verzinsung des Realkapitals. Die Kapitalakkumulation erfolgt gemäß der Gleichung:

$$K_{lt+1} = (1-\delta)K_{lt} + \Phi(\frac{I_{lt}}{K_{lt}})K_{lt}, \qquad \Phi' > 0,\ \Phi'' < 0, \tag{5.41}$$

wobei der Parameter δ die Abschreibungsrate darstellt. Die Funktion $\Phi(\frac{I_t}{K_t})$ beschreibt die Anpassungskosten der Investitionen[10]. Die Lagrangefunktion des repräsentativen Haushalts läßt sich folgendermaßen formulieren:

$$\begin{aligned} L_l &= E\{\sum_{t=0}^{\infty} \beta^t [\ln C_{lt} - \varphi \frac{H_{lt}^{1-\gamma}}{1-\gamma} \qquad (5.42)\\ &\quad -\lambda_{lt}[C_{lt} + I_{lt} + p_t^b B_{lt+1} - r_{lt}K_{lt} - w_{lt}H_{lt} - \Pi_{lt} - B_{lt} \\ &\quad +q_{lt}(K_{lt+1} - (1-\delta)K_{lt} - \Phi(\frac{I_{lt}}{K_{lt}})K_{lt})]]\}. \end{aligned}$$

Differenziert man die Lagrangefunktion nach $C_{lt}, H_{lt}, I_{lt}, K_{lt+1}$ und B_{lt+1} erhält man die folgenden Optimalitätsbedingungen des repräsentativen Haushalts im Land $l = h, f$:

$$\varphi C_{lt} H_{lt}^{-\gamma} = w_{lt} \tag{5.43}$$

$$q_{lt} = \frac{1}{\Phi'(\frac{I_t}{K_t})} \tag{5.44}$$

$$\frac{q_{lt}}{C_{lt}} = \beta E_t\{\frac{r_{lt+1}}{C_{lt+1}} + \frac{q_{lt+1}}{C_{lt+1}}[(1-\delta) + \Phi(\frac{I_{lt+1}}{K_{lt+1}}) - \Phi'(\frac{I_{lt+1}}{K_{lt+1}})\frac{I_{lt+1}}{K_{lt+1}}\} \tag{5.45}$$

$$\frac{p_t^b}{C_{lt}} = \beta E_t\{\frac{1}{C_{lt+1}}\}. \tag{5.46}$$

Gleichung 5.43 beschreibt die intratemporale Effizienzbedingung des Haushalts, durch Gleichung 5.44 wird das Tobinsche q definiert. Die Gleichungen 5.45 und 5.46 charakterisieren die intertemporalen Effizienzbedingungen. Neben den Gleichungen 5.43-5.46 müssen die Haushalte beider Länder die folgende Transversalitätsbedingung beachten:

$$\lim_{t\to\infty} \beta^t \frac{K_{lt}}{C_{lt}} = 0. \tag{5.47}$$

Um zu verhindern, daß sich die Haushalte des einen Landes gegenüber dem anderen Land verschulden und die daraufhin anfallenden Zinsen durch weitere Verschuldung

[10] Vgl. Kapitel 3, Abschnitt 3.2.1.

finanzieren, müssen sie zusätzlich die folgende Bedingung einhalten:

$$\lim_{m\to\infty} E_t \prod_{j=t}^{m} p_j^b B_{lm} = 0. \tag{5.48}$$

5.2.2 Der Unternehmenssektor

Wie im Modell des Abschnitts 5.1 gliedert sich der Unternehmenssektor in beiden Ländern in zwei Bereiche. In dem einen, vollständig kompetitiven, Bereich werden die international handelbaren Endprodukte Y_{lt} unter Einsatz des auf dem Einheitsintervall definierten Kontinuums von Zwischenprodukten $y_{lt}(i)$ mit Hilfe einer Dixit-Stiglitz-Technlogie (1977) konstanter Skalenerträge hergestellt. Die Zwischenprodukte können nicht zwischen den Ländern gehandelt werden. Die Produktionsfunktion lautet:

$$Y_{lt} = (\int_0^1 y_{lt}(i)^{\theta} di)^{\frac{1}{\theta}}, \qquad 0 < \theta < 1. \tag{5.49}$$

Der Parameter θ determiniert die Nachfrageelastizität der Zwischengüter. Das Optimierungskalkül der repräsentativen Firma im Bereich der Endgüterproduktion lautet:

$$\max \pi_{lt} = (\int_0^1 y_{lt}(i)^{\theta} di)^{\frac{1}{\theta}} - \int_0^1 p_{lt}(i) y_{lt}(i) di, \tag{5.50}$$

wobei $p_{lt}(i)$ den Preis des Zwischenguts $y_{lt}(i)$ bezeichnet und der Preis des Endguts als Numeraire gewählt worden ist. Differenziert man nach $y_{lt}(i)$, erhält man:

$$y_{lt}(i) = p_{lt}(i)^{\frac{1}{\theta-1}} Y_{lt}. \tag{5.51}$$

In dem anderen Bereich wird jedes der Zwischengüter von einem Monopolisten produziert, der seine Preis-Absatz-Funktion und die Menge der Endprodukte in Gleichung 5.51 als gegeben betrachtet. Die Produktionsfunktionen der Monopolisten sind identisch, basieren auf den Einsatzfaktoren Arbeit und Kapital und zeichnen sich durch steigende Skalenerträge aus:

$$y_{lt}(i) = z_{lt} k_{lt}(i)^{\mu} h_{lt}(i)^{\nu}, \qquad \mu + \nu > 1, \quad \mu, \nu > 0. \tag{5.52}$$

Durch die stationäre Zufallsvariable z_{lt} wird ein Technologieschock abgebildet, der das Produktionsniveau im jeweiligen Land $l = h, f$ variiert. Für die Logarithmen der länderspezifischen Technologieschocks wird ein vektorautoregressiver Prozeß erster Ordnung unterstellt:

$$\begin{pmatrix} \log z_{ht+1} \\ \log z_{ft+1} \end{pmatrix} = \begin{pmatrix} s_{11} & s_{12} \\ s_{21} & s_{22} \end{pmatrix} \begin{pmatrix} \log z_{ht} \\ \log z_{ft} \end{pmatrix} + \begin{pmatrix} \varepsilon^z_{ht+1} \\ \varepsilon^z_{ft+1} \end{pmatrix}, \tag{5.53}$$

$$\text{mit} \quad \begin{pmatrix} \varepsilon^z_{ht} \\ \varepsilon^z_{ft} \end{pmatrix} \sim N(0, \Sigma^z).$$

Wie im Abschnitt 5.1.2 lauten die notwendigen Bedingungen erster Ordnung des Gewinnmaximierungskalküls der Monopolisten:

$$\frac{\theta \mu y_{lt}(i) p_{lt}(i)}{k_{lt}(i)} = r_{lt}, \tag{5.54}$$

$$\frac{\theta \nu y_{lt}(i) p_{lt}(i)}{h_{lt}(i)} = w_{lt}. \tag{5.55}$$

und es gilt:

$$k_{lt}(i) = k_{lt}, \qquad h_{lt}(i) = h_{lt}, \qquad p_{lt}(i) = p_{lt} = 1, \qquad \forall i \in [0, 1]. \tag{5.56}$$

5.2.3 Das Wettbewerbsgleichgewicht

Bedingt durch die Annahme steigender Skalenerträge in Verbindung mit monopolistischer Konkurrenz im Bereich der Zwischengüter und der Annahme eines unvollständigen Kapitalmarkts kann das Konzept des zentralen Planers nicht angewendet werden, um die Wettbewerbsallokation zu bestimmen. Stattdessen werden die Gleichgewichtsbedingungen direkt für die dezentrale Version des Modells determiniert. Das Wettbewerbsgleichgewicht ist dabei wie folgt definiert:

Ein kompetitives Gleichgewicht besteht aus der Allokation $\{C_{lt}, H_{lt}, I_{lt}, K_{lt}, B_{lt}\}_{t=0}^{\infty}$ *des repräsentativen Haushalts, aus der Allokation* $\{Y_{tl}, y_{lt}\}_{t=0}^{\infty}$ *des repräsentativen Unternehmens im Endproduktsektor, aus der Allokation* $\{y_{lt}, h_{lt}, k_{lt}\}_{t=0}^{\infty}$ *der Unternehmen im Zwischenproduktsektor und einer Folge von Preisen* $\{w_{lt}, r_{lt}, q_{lt}, p_t^b\}_{t=0}^{\infty}$ *in den Ländern* $l = h, f$*, so daß in beiden Ländern gilt:*

1. *Unter Beachtung der Preisfolge* $\{w_{lt}, r_{lt}, q_{lt}, p_t^b\}_{t=0}^{\infty}$ *stellt die Allokation des re-*

präsentativen Haushalts eine Lösung seines Maximierungsproblems dar.

2. *Unter Beachtung der Preisfolge* $\{w_{lt}, r_{lt}, q_{lt}, p_t^b\}_{t=0}^{\infty}$ *stellen die Allokationen der Unternehmen Lösungen ihrer Maximierungsprobleme dar.*

3. *Sämtliche Märkte sind geräumt:*

$$\begin{aligned} h_{lt} &= H_{lt}, \\ k_{lt} &= K_{lt}, \\ y_{lt} &= Y_{lt}, \\ Y_{lt} + B_{lt} &= C_{lt} + I_{lt} + p_t^b B_{lt+1}, \\ B_{ht} + B_{ft} &= 0. \end{aligned}$$

5.2.4 Das deterministische, stationäre Gleichgewicht und die Parameterwerte

Im folgenden wird unterstellt, daß die Nettoauslandsschuld der beiden Länder im deterministischen, stationären Gleichgewicht gleich Null ist, $B_{ht} = B_{ft} = 0$, wodurch man ein symmetrisches Gleichgewicht der länderspezifischen Variablen erhält:

$$K_h = K_f = K, \quad C_h = C_f = C, \quad I_h = I_f = I, \tag{5.57}$$

$$H_h = H_f = H, \quad Y_h = Y_f = Y. \tag{5.58}$$

Durch die folgenden Gleichungen ist das deterministische, stationäre Gleichgewicht dann vollständig bestimmt:

$$\frac{1}{\beta} = \frac{1}{p^b} = m\frac{Y}{K} + 1 - \delta, \quad m \equiv \theta\mu, \tag{5.59}$$

$$\varphi\frac{C}{H^\gamma} = n\frac{Y}{H}, \quad n \equiv \theta\nu, \tag{5.60}$$

$$\delta = \frac{I}{K}, \tag{5.61}$$

$$Y = K^\mu H^\nu, \tag{5.62}$$

$$Y = C + I. \tag{5.63}$$

Aus Gründen der Vergleichbarkeit werden die Parameterwerte von Farmer und Guo (1994) der Tabelle 5.1 übernommen. Die Parameterwerte des vektorautoregressiven

Prozesses der länderspezifischen Technologieschocks stammen aus Kapitel 4.

$$S = \begin{pmatrix} s_{11} & s_{12} \\ s_{21} & s_{22} \end{pmatrix} = \begin{pmatrix} 0.906 & 0.088 \\ 0.088 & 0.906 \end{pmatrix}, \; \Sigma^z = 0.00852^2 \begin{pmatrix} 1 & 0.258 \\ 0.258 & 1 \end{pmatrix}.$$

Der Parameter ϵ, der die Elastizität der Anpassungskosten beschreibt, die in der loglinear approximierten Version des Modells benötigt wird, ist wie in den Modellen der Kapitel 3 und 4 gleich 1/25 gewählt worden.

5.2.5 Die Stabilitätseigenschaften und die Lösung des Modells

Für die Lösung des Modells wird der gleiche Algorithmus wie im Abschnitt 5.1.5 verwendet. Zunächst wird eine loglineare Approximation an der Stelle des deterministischen, stationären Gleichgewichts vorgenommen. Ersetzt man die Preise w_{lt}, r_{lt}, q_{lt} und p_t^b unter Verwendung der Gleichungen 5.44, 5.46, 5.54 und 5.55 durch reale Größen, erhält man ein lineares Differenzengleichungssystem erster Ordnung in den realen Variablen:

$$\begin{aligned}
\hat{c}_{lt} &\equiv \frac{C_{lt} - C}{C}, \quad \hat{i}_{lt} \equiv \frac{I_{lt} - I}{I}, \quad \hat{h}_{lt} \equiv \frac{H_{lt} - H}{H}, \quad \hat{y}_{lt} \equiv \frac{Y_{lt} - Y}{Y}, \\
\hat{k}_{lt} &\equiv \frac{K_{lt} - K}{K}, \quad \hat{b}_t \equiv dB_{ht} = -dB_{ft}, \\
\hat{tb}_t &\equiv dTB_{ht} = -dTB_{ft} \quad \text{mit} \quad TB_{lt} \equiv p_t^b B_{lt+1} - B_{lt}.
\end{aligned}$$

Die Definition für die Handelsbilanz bzw. Nettoexporte $\hat{tb}_{lt}$ und die ausländischen Anleihen $\hat{b}_{lt}$ ergibt sich durch die Annahme eines symmetrischen, stationären Gleichgewichts, in dem die Auslandsverschuldung der beiden Länder und damit auch die Handelsbilanzen gleich null sind. Da einer Nettoforderung im Inland stets eine entsprechende Nettoschuld im Ausland gegenüber stehen muß, genügt es, den Nettobestand an ausländischen Anleihen des Inlands zu betrachten. Die gleiche Überlegung gilt für die Nettoexporte. Das loglineare Differenzengleichungssystem lautet dann:

$$k \, \hat{k}_{lt+1} = (1-\delta) k \, \hat{k}_{lt} + i \, \hat{i}_{lt}, \qquad l = h, f, \tag{5.64}$$

$$\beta \, \hat{b}_{t+1} = \hat{b}_t + \hat{tb}_t, \tag{5.65}$$

$$y \, \hat{y}_{ht} = c \, \hat{c}_{ht} + i \, \hat{i}_{ht} + \hat{tb}_t, \tag{5.66}$$

$$y\,\hat{y}_{ft} = c\,\hat{c}_{ft} + i\,\hat{i}_{ft} - \hat{tb}_t, \tag{5.67}$$

$$\hat{y}_{lt} = \hat{z}_{lt} + \mu\,\hat{k}_{lt} + \nu\,\hat{h}_{lt}, \qquad l = h, f, \tag{5.68}$$

$$\hat{y}_{lt} = \hat{c}_{lt} - (\gamma - 1)\,\hat{h}_{lt}, \qquad l = h, f \tag{5.69}$$

$$\begin{aligned} -\hat{c}_{lt} + \epsilon(\hat{i}_{lt} - \hat{k}_{lt}) &= E_t\{-\hat{c}_{lt+1} + \beta\epsilon(\hat{i}_{lt+1} - \hat{k}_{lt+1}) \qquad l = h, f \\ &\quad + \beta m \frac{y}{k}(\hat{y}_{lt+1} - \hat{k}_{lt+1})\}, \end{aligned} \tag{5.70}$$

$$\begin{pmatrix} \hat{z}_{ht+1} \\ \hat{z}_{ft+1} \end{pmatrix} = \begin{pmatrix} s_{11} & s_{12} \\ s_{21} & s_{22} \end{pmatrix} \begin{pmatrix} \hat{z}_{ht} \\ \hat{z}_{ft} \end{pmatrix} + \begin{pmatrix} \varepsilon^z_{ht+1} \\ \varepsilon^z_{ft+1} \end{pmatrix}. \tag{5.71}$$

Die sechs Variablen $\hat{y}_{ht}, \hat{y}_{ft}, \hat{h}_{ht}, \hat{h}_{ft}, \hat{i}_{ht}, \hat{i}_{ft}$ können mit Hilfe der Gleichungen 5.66-5.69 durch die Variablen $\hat{k}_{ht}, \hat{k}_{ht}, \hat{b}_t, \hat{c}_{ht}, \hat{c}_{ft}, \hat{tb}_t, \hat{z}_{ht}, \hat{z}_{ft}$ ersetzt werden, ohne daß die Ordnung des Differenzengleichungssystems berührt wird:

$$\begin{pmatrix} \hat{y}_{ht} & \hat{y}_{ft} & \hat{h}_{ht} & \hat{h}_{ft} & \hat{i}_{ht} & \hat{i}_{ft} \end{pmatrix}' = M \begin{pmatrix} \hat{k}_{ht} & \hat{k}_{ft} & \hat{b}_t & \hat{c}_{ht} & \hat{c}_{ft} & \hat{tb}_t & \hat{z}_{ht} & \hat{z}_{ft} \end{pmatrix}'. \tag{5.72}$$

Das reduzierte System lautet dann in allgemeiner Matrixform:

$$A \begin{pmatrix} \hat{k}_{ht} \\ \hat{k}_{ft} \\ \hat{b}_t \\ \hat{c}_{ht} \\ \hat{c}_{ft} \\ \hat{tb}_t \\ \hat{z}_{ht} \\ \hat{z}_{ft} \end{pmatrix} = B \begin{pmatrix} \hat{k}_{ht+1} \\ \hat{k}_{ft+1} \\ \hat{b}_{t+1} \\ \hat{c}_{ht+1} \\ \hat{c}_{ft+1} \\ \hat{tb}_{t+1} \\ \hat{z}_{ht+1} \\ \hat{z}_{ft+1} \end{pmatrix} + D \begin{pmatrix} e_{t+1} \\ \varepsilon^z_{ht+1} \\ \varepsilon^z_{ft+1} \end{pmatrix}, \quad e_{t+1} \equiv \begin{pmatrix} E_t(\hat{k}_{ht+1}) - \hat{k}_{ht+1} \\ E_t(\hat{k}_{ft+1}) - \hat{k}_{ft+1} \\ E_t(\hat{b}_{t+1}) - \hat{b}_{t+1} \\ E_t(\hat{c}_{ht+1}) - \hat{c}_{ht+1} \\ E_t(\hat{c}_{ft+1}) - \hat{c}_{ft+1} \\ E_t(\hat{tb}_{t+1}) - \hat{tb}_{t+1} \\ E_t(\hat{z}_{ht+1}) - \hat{z}_{ht+1} \\ E_t(\hat{z}_{ft+1}) - \hat{z}_{ht+1} \end{pmatrix}, \tag{5.73}$$

wobei der Vektor e_{t+1} den Prognosefehler bezeichnet.

Multipliziert man beide Seiten der Gleichung 5.73 mit der Inversen von A, erhält man:

$$\begin{pmatrix} \hat{k}_{ht} \\ \hat{k}_{ft} \\ \hat{b}_t \\ \hat{c}_{ht} \\ \hat{c}_{ft} \\ \hat{tb}_t \\ \hat{z}_{ht} \\ \hat{z}_{ft} \end{pmatrix} = J \begin{pmatrix} \hat{k}_{ht+1} \\ \hat{k}_{ft+1} \\ \hat{b}_{t+1} \\ \hat{c}_{ht+1} \\ \hat{c}_{ft+1} \\ \hat{tb}_{t+1} \\ \hat{z}_{ht+1} \\ \hat{z}_{ft+1} \end{pmatrix} + R \begin{pmatrix} e_{t+1} \\ \varepsilon^z_{ht+1} \\ \varepsilon^z_{ft+1} \end{pmatrix}, \quad J \equiv A^{-1}B, \quad R \equiv A^{-1}D. \tag{5.74}$$

Zerlegt man $J = Q\Lambda Q^{-1}$ und multipliziert beide Seiten der Gleichung 5.74 mit Q^{-1}, ergibt sich[11]:

$$x_t \equiv Q^{-1} \begin{pmatrix} \hat{k}_{ht} & \hat{k}_{ft} & \hat{b}_t & \hat{c}_{ht} & \hat{c}_{ft} & \hat{tb}_t & \hat{z}_{ht} & \hat{z}_{ft} \end{pmatrix}',$$

$$\begin{pmatrix} x_{1t} \\ x_{2t} \\ x_{3t} \\ x_{4t} \\ x_{5t} \\ x_{6t} \\ x_{7t} \\ x_{8t} \end{pmatrix} = \begin{pmatrix} \lambda^1 & 0 & 0 & 0 & 0 & 0 & 0 & 0 \\ 0 & \lambda^2 & 0 & 0 & 0 & 0 & 0 & 0 \\ 0 & 0 & \lambda^3 & 0 & 0 & 0 & 0 & 0 \\ 0 & 0 & 0 & \lambda^4 & 0 & 0 & 0 & 0 \\ 0 & 0 & 0 & 0 & \lambda^5 & 0 & 0 & 0 \\ 0 & 0 & 0 & 0 & 0 & \lambda^6 & 0 & 0 \\ 0 & 0 & 0 & 0 & 0 & 0 & \lambda^7 & 0 \\ 0 & 0 & 0 & 0 & 0 & 0 & 0 & \lambda^8 \end{pmatrix} \begin{pmatrix} x_{1t+1} \\ x_{2t+1} \\ x_{3t+1} \\ x_{4t+1} \\ x_{5t+1} \\ x_{6t+1} \\ x_{7t+1} \\ x_{8t+1} \end{pmatrix} + \begin{pmatrix} \tilde{e}^{1}_{t+1} \\ \tilde{e}^{2}_{t+1} \\ \tilde{e}^{3}_{t+1} \\ \tilde{e}^{4}_{t+1} \\ \tilde{e}^{5}_{t+1} \\ \tilde{e}^{6}_{t+1} \\ \tilde{e}^{7}_{t+1} \\ \tilde{e}^{8}_{t+1} \end{pmatrix} \tag{5.75}$$

$$\tilde{e}_{t+1} \equiv Q^{-1}R \begin{pmatrix} e_{t+1} \\ \varepsilon^z_{ht+1} \\ \varepsilon^z_{ft+1} \end{pmatrix}.$$

Ein Eigenwert, der kleiner als eins ist, impliziert, wie im vorigen Abschnitt gezeigt

[11] Die Hauptdiagonale von Λ enthält die Eigenwerte von J, während die restlichen Elemente gleich Null sind. Die Spalten von Q bestehen aus den Eigenvektoren von J.

wurde, daß eine der Variablen des Modells als Linearkombination der restlichen Größen dargestellt werden kann. Unter der Annahme konstanter Skalenerträge erhält man in diesem Zwei-Länder-Modell drei Eigenwerte die kleiner als eins sind[12]. Damit lassen sich die Größen $\hat{c}_{ht}$, $\hat{c}_{ft}$, $\hat{tb}_t$ als lineare Funktionen der Zustandsvariablen $\hat{k}_{ht}$, $\hat{k}_{ft}$, $\hat{b}_t$, $\hat{z}_{ht}$, $\hat{z}_{ft}$ ausdrücken und können im Gleichungssystem 5.72 substituiert werden. Substituiert man ferner $\hat{i}_{ht}$, $\hat{i}_{ft}$, $\hat{tb}_t$ in den Kapitalakkumulationsgleichungen 5.64 und in der Bewegungsgleichung der ausländischen Anleihen 5.65, wird das Modell vollständig durch die folgenden Systeme beschrieben:

$$\begin{pmatrix} \hat{k}_{ht+1} \\ \hat{k}_{ft+1} \\ \hat{b}_{t+1} \\ \hat{z}_{ht+1} \\ \hat{z}_{ft+1} \end{pmatrix} = W \begin{pmatrix} \hat{k}_{ht} \\ \hat{k}_{ft} \\ \hat{b}_{t} \\ \hat{z}_{ht} \\ \hat{z}_{ft} \end{pmatrix} + V \begin{pmatrix} \varepsilon^z_{ht+1} \\ \varepsilon^z_{ft+1} \end{pmatrix}, \tag{5.76}$$

und

$$\begin{pmatrix} \hat{y}_{ht} & \hat{y}_{ft} & \hat{c}_{ht} & \hat{c}_{ft} & \hat{i}_{ht} & \hat{i}_{ft} & \hat{h}_{ht} & \hat{h}_{ft} & \hat{tb}_t \end{pmatrix}' = N \begin{pmatrix} \hat{k}_{ht} & \hat{k}_{ft} & \hat{b}_t & \hat{z}_{ht} & \hat{z}_{ft} \end{pmatrix}'. \tag{5.77}$$

Im folgenden soll nun untersucht werden, ob die Annahme steigender Skalenerträge in der Zwischengüterproduktion der beiden Länder die Existenz multipler Gleichgewichte ermöglicht. Um die Dimension des Modells zu reduzieren, wird die Varianz-Kovarianz-Matrix der Technologieschocks gleich null gesetzt, $\Sigma^z = 0$. Aus 5.74 erhält man das System :

$$\begin{pmatrix} \hat{k}_{ht} \\ \hat{k}_{ft} \\ \hat{b}_{t} \\ \hat{c}_{ht} \\ \hat{c}_{ft} \\ \hat{tb}_{ht} \end{pmatrix} = \tilde{J} \begin{pmatrix} \hat{k}_{ht+1} \\ \hat{k}_{ft+1} \\ \hat{b}_{t+1} \\ \hat{c}_{ht+1} \\ \hat{c}_{ft+1} \\ \hat{tb}_{ht+1} \end{pmatrix} + \tilde{R}e_{t+1}. \tag{5.78}$$

[12] Vgl. Tabelle 5.3.

5.3 Resultate

Im folgenden werden die Eigenwerte der Matrix $\tilde{J}$ der beiden Modelle für verschiedene Werte des Markup-Faktors θ präsentiert. Tabelle 5.2 enthält die Eigenwerte der Matrix $\tilde{J}$ des Differenzengleichungssystems 5.36 des Modells von Farmer und Guo (1994). Neben den Eigenwerten des ursprünglichen Modells von Farmer und Guo (1994) enthält Tabelle 5.2 auch die Eigenwerte λ^{1*} und λ^{2*} der Matrix $\tilde{J}$, die unter der Annahme einer Anpassungskostenfunktion der Investitionen mit $\epsilon = 1/25$ berechnet worden sind. Dadurch ist gewährleistet, daß die unterschiedlichen Ergebnisse der Modelle nicht auf der Annahme von Anpassungskosten der Investitionen beruhen. In Tabelle 5.3 werden die Eigenwerte der Matrix $\tilde{J}$ des Differenzengleichungssystems 5.78 des Zwei-Länder-Modells präsentiert.

Tabelle 5.2: Eigenwerte der Matrix $\tilde{J}$ im Modell von Farmer und Guo (1994).

θ	μ	ν	λ^1	λ^2	$\lambda^{1*}(\epsilon = 1/25)$	$\lambda^{2*}(\epsilon = 1/25)$
0.85	0.82	0.27	0.86	1.11	0.91	1.08
0.75	0.93	0.31	0.79	1.13	0.89	1.08
0.68	1.03	0.34	0.24	1.17	0.86	1.08
0.65	1.08	0.35	1.33	1.42	0.84	1.08
0.58	1.21	0.40	1.07-0.11i	1.07+0.11i	0.71	1.08
0.55	1.27	0.43	1.06-0.10i	1.06+0.10i	0.42	1.08
0.50	1.40	0.46	1.05-0.07i	1.05+0.07i	1.09	1.44
0.45	1.56	0.51	1.04-0.06i	1.04+0.06i	1.10-0.04i	1.10+0.04i

Farmer und Guo (1994) erhalten in ihrem Modell ($\theta = 0.58$) konjugiert komplexe Eigenwerte, deren Betrag größer als eins ist. Damit existieren multiple Anpassungspfade, die oszillierend gegen das stationäre Gleichgewicht konvergieren. Desweiteren zeigt Tabelle 5.2 den Zusammenhang zwischen dem Markup-Faktor $1/\theta$ und den Eigenwerten. Für geringfügig steigende Skalenerträge $\theta \in (0.85, 0.75, 0.68)$ ist stets genau ein Eigenwert kleiner als eins, d.h. es existiert ein eindeutiger Anpassungspfad. Für $\theta = 0.65$ ergeben sich zwei reelle Eigenwerte, die beide größer als eins sind. In diesem Fall existieren multiple Anpassungspfade, die monoton gegen das stationäre Gleichgewicht konvergieren. Für $\theta \in (0.55, 0.50, 0.45)$ liegen die Eigenwerte außerhalb des Einheitskreises und sind konjugiert komplex. Die Berücksichtigung von Anpassungskosten der Investitionen ändert nichts an den grundsätzlichen Eigenschaften des Modells. Allerdings findet der Übergang von einem eindeutigen

Tabelle 5.3: Eigenwerte der Matrix $\tilde{J}$ im Zwei-Länder-Modell.

θ	μ	ν	λ^1	λ^2	λ^3	λ^4	λ^5	λ^6
					Mit konstanten Skalenerträgen			
0.93	0.75	0.25	0.91	0.99	0.99	1.00	1.00	1.08
					Mit steigenden Skalenerträgen			
0.85	0.82	0.27	0.91	0.99-0.11i	0.99+0.11i	0.99	1.00	1.08
0.75	0.93	0.31	0.89	0.96-0.28i	0.96+0.28i	0.99	1.00	1.08
0.68	1.03	0.34	0.59	0.86	0.99	1.00	1.08	1.68
0.65	1.08	0.35	0.70	0.84	0.99	1.00	1.08	1.41
0.58	1.21	0.40	0.71	0.77	0.99	1.00	1.08	1.28
0.55	1.27	0.43	0.42	0.79	0.99	1.00	1.08	1.26
0.50	1.40	0.46	0.80	0.99	1.00	1.09	1.24	1.44
0.45	1.56	0.51	0.81	0.99	1.00	1.10-0.04i	1.10+0.04i	1.22

Anpassungspfad zu multiplen Anpassungspfaden erst bei deutlich größeren Markup-Faktoren statt.

Im Zwei-Länder-Modell erhält man für geringfügig steigende Skalenerträge $\theta \in (0.85,\ 0.75)$ vier Eigenwerte die innerhalb des Einheitskreises liegen. Von den sechs Variablen $\hat{k}_{ht}$, $\hat{k}_{ft}$, $\hat{b}_t$, $\hat{c}_{ht}$, $\hat{c}_{ft}$, $\hat{tb}_t$ im reduzierten System 5.78 sind die Anfangsbestände des Realkapitals im In- und Ausland und der ausländischen Anleihen $\hat{k}_{h0}$, $\hat{k}_{f0}$, $\hat{b}_0$ gegeben. Um den Einfluß der kritischen vier Eigenwerte vollständig zu eliminieren, müssen vier der Variablen durch Linearkombinationen der restlichen zwei Größen ausgedrückt werden. Betrachtet man beispielsweise den Fall, daß die Variablen $\hat{b}_t$, $\hat{c}_{ht}$, $\hat{c}_{ft}$, $\hat{tb}_t$ als Linearkombinationen von $\hat{k}_{ht}$, $\hat{k}_{ft}$ ausgedrückt werden, gilt u.a. $\hat{b}_t = a_1\, \hat{k}_{ht} + a_2\, \hat{k}_{ft}$. Für sämtliche Anfangskombinationen $(\hat{k}_{h0},\ \hat{k}_{f0},\ \hat{b}_0)$, die diese Bedingung nicht erfüllen, existiert kein Wettbewerbsgleichgewicht.

Für die Werte $\theta \in (0.68,\ 0.65,\ 0.58,\ 0.55)$ sind genau drei Eigenwerte kleiner als eins. Damit sind die drei Linearkombinationen $\hat{c}_{ht}$ $(\hat{k}_{ht}, \hat{k}_{ft},\ \hat{b}_t)$, $\hat{c}_{ft}$ $(\hat{k}_{ht},\ \hat{k}_{ft},\ \hat{b}_t)$ und $\hat{tb}_t$ $(\hat{k}_{ht},\ \hat{k}_{ft},\ \hat{b}_t)$ determiniert und das System besitzt einen eindeutigen Anpassungspfad für alle Anfangskombinationen $(\hat{k}_{h0},\ \hat{k}_{f0},\ \hat{b}_0)$.

Für $\theta \in (0.50,\ 0.45)$ sind genau zwei Eigenwerte kleiner als eins. In diesem Fall lassen sich lediglich zwei der sechs Variablen als Linearkombinationen der restlichen vier Größen darstellen. Das Differenzengleichungssystem in diesen vier Variablen ist unbestimmt, da nur drei Anfangsbedingungen $(\hat{k}_{h0},\ \hat{k}_{f0},\ \hat{b}_0)$ gegeben sind. Somit existieren multiple Anpassungspfade. Jeder dieser Anpassungspfade ist eindeutig mit einer Preisfolge für ausländischen Anleihen $\{p_t^b\}_{t=0}^{\infty}$ assoziiert. Exogene Schocks, die die Erwartungen der Wirtschaftssubjekte beeinflussen, führen zu veränderten Erwartungen bezüglich zukünftiger Preise der Anleihen. Diese Erwartungswerte müssen von den Wirtschaftssubjekten beider Länder identisch gebildet werden. Daraus folgt, daß die realen Auswirkungen dieser Schocks in beiden Ländern gleich sind und den realen Auswirkungen in einer geschlossenen Volkswirtschaft entsprechen:

$$\begin{aligned} \hat{c}_{ht} &= \hat{c}_{ft}, \quad \hat{k}_{ht} = \hat{k}_{ft}, \quad \hat{y}_{ht} = \hat{y}_{ft}, \quad \hat{h}_{ht} = \hat{h}_{ft}, \quad \hat{i}_{ht} = \hat{i}_{ft}, \\ \hat{tb}_t &= \hat{b}_t = 0. \end{aligned}$$

Wenn man Erwartungsschocks als Ursache konjunkureller Schwankungen modelliert, sind die makroökonomischen Größen wie Konsum, Einkommen, Investitionen etc. verschiedener Länder vollständig korreliert. Dies widerspricht den empirischen Beobachtungen. Während Technologieschocks durchaus Fluktuationen der Handelsbilanz und des Bestands ausländischer Anleihen generieren, können exogene Erwartungsschocks keinen Beitrag zur Erklärung konjunktureller, außenwirtschaftlicher Fakten leisten.

5.4 Fazit

In diesem Kapitel ist ein Zwei-Länder-Modell einem Modell einer geschlossenen Volkswirtschaft gegenübergestellt worden, in dem Erwartungsschocks die Rolle von Technologieschocks als treibende Kraft konjunktureller Schwankungen übernehmen können. Die Fragestellung des Kapitels bestand darin, ob diese Möglichkeit auch in Zwei-Länder-Modellen besteht. In beiden Modellen verfügen die Länder über einen monopolistischen Produktionssektor für Zwischenprodukte, der sich durch steigende Skalenerträge auszeichnet. Ein internationaler Kapitalmarkt, auf dem einperiodige, reale Anleihen gehandelt werden können, verknüpft die Volkswirtschaften im Zwei-Länder-Modell. Das Ausmaß steigender Skalenerträge bzw. die Höhe des Markup-Faktors bestimmt die Stabilitätseigenschaften beider Modelle. Im Gegensatz zum Modell einer geschlossenen Volkswirtschaft ergibt sich für geringfügig steigende Skalenerträge im Zwei-Länder-Modell die Möglichkeit, daß ein Wettbewerbsgleichgewicht nicht existiert. Bei einer schrittweisen Erhöhung des Markup-Faktors werden zunächst die Stabilitätseigenschaften eines Zwei-Länder-Modells mit konstanten Skalenerträgen repliziert, d.h. man erhält einen eindeutigen Anpassungspfad. Höhere Markup-Faktoren können dazu führen, daß auch im Zwei-Länder-Modell multiple Anpassungspfade existieren und Fluktuationen durch exogene Erwartungsschocks erzeugt werden können. Jeder der Anpassungpfade ist eindeutig mit einer Preisfolge für international handelbare Anleihen assoziiert. Exogene Erwartungsschocks bewirken eine Veränderung der erwarteten Preisfolge, wobei die Erwartungswerte der Agenten beider Länder identisch sind. Dadurch sind die realen Auswirkungen der Schocks in beiden Ländern identisch und es kommt kein internationaler Handel zustande. Erwartungsschocks können daher im Gegensatz zu Technologieschocks, die durch abweichende Grenzproduktivitäten des Kapitals und eine Veränderung der relativen internationalen Vermögensverteilung Handel erzeugen, keinen Beitrag zur Erklärung konjunktureller, außenwirtschaftlicher Fakten leisten.

Kapitel 6

Zusammenfassung

In der vorliegenden Arbeit sind verschiedene Aspekte internationaler Konjunkturzyklen unter Verwendung stochastischer, dynamischer allgemeiner Gleichgewichtsmodelle der Real Business Cycle Theorie untersucht worden. Im Mittelpunkt stand die Analyse der deskriptiven Eigenschaften unterschiedlicher internationaler Konjunkturmodelle.

Im Anschluß an das einleitende Kapitel ist im zweiten Kapitel die in diesem Forschungszweig übliche Vorgehensweise zur Bestimmung der stilisierten Fakten konjunktureller Schwankungen erörtert worden. Darüber hinaus ist in diesem Kapitel ein einfaches, approximatives Lösungsverfahren am Beispiel des Modells von Hansen (1985) vorgestellt worden, da die in der vorliegenden Arbeit beschriebenen Modelle nicht analytisch gelöst werden können.

Nachdem die überwiegende Anzahl der Modelle der Real Business Cycle Literatur als geschlossene Modelle konzipiert und ohne Berücksichtigung außenwirtschaftlicher Größen mit Hilfe der stilisierten Fakten der USA evaluiert wurden, ist im dritten Kapitel ein stochastisches Konjunkturmodell für eine große, offene Volkswirtschaft präsentiert worden. Es konnte gezeigt werden, daß die Ergebnisse des mit Hilfe westdeutscher Daten des Zeitraums 1968-1993 kalibrierten Modells im Einklang mit den empirischen Fakten konjunktureller Schwankungen der deutschen Volkswirtschaft stehen. Insbesondere ist das Modell in der Lage die spezifisch außenwirtschaftlichen Fakten, antizyklische Schwankungen der Nettoexporte bzw. der Handelsbilanz und eine hohe, positive Korrelation der inländischen Ersparnis und der Investitionen, zu replizieren. Die vorgenommene Variation ausgewählter Parameter hat gezeigt, daß die quantitativen Resultate des Modells relativ sensibel auf Änderungen der Anpassungskostenelastizität der Investitionen und der Arbeitsangebotselastizität reagieren. Desweiteren ist mit dem Modell untersucht worden, inwiefern ein von der relativen Größe der betrachteten Volkswirtschaft abhängiger Einfluß auf den Weltmarktzins die Resultate verändert. Es konnte gezeigt werden, daß diese Annahme insgesamt nur zu geringfügigen Änderungen der Ergebnisse des Modells führt. Die Simulationen des Modells führten zu niedrigeren Volatilitäten der

Investitionen und der Nettoexporte, je stärker der Einfluß der betrachteten Volkswirtschaft auf den Weltmarktzins modelliert wurde. Damit ist das Model insbesondere in der Lage den empirisch festgestellten, negativen Zusammenhang zwischen der Größe einer Volkswirtschaft und deren Volatiltät in Bezug auf Investitionen und Nettoexporte abzubilden.

Im vierten Kapitel ist ein Zwei-Länder-zwei-Güter-Modell entwickelt worden, das auf dem Modell von Backus et al. (1994) aufbaut. Der Ausgangspunkt der Überlegungen ist die sogenannte Preisanomalie, die besagt, daß die Volatilität der Terms of Trade in internationalen Konjunkturmodellen die empirische Volatilität stark unterschätzt. Deshalb ist hier neben den herkömmlichen Technologieschocks ein weiterer exogener Schock eingeführt worden, der importvermehrend bzw. -vermindernd wirkt und als Variation von Transportkosten oder Einfuhrbestimmungen interpretiert werden kann. Die Parameter des stochastischen Prozesses dieser Schocks sind unter Verwendung der Bedingungen erster Ordnung des Wettbewerbsgleichgewichts auf der Grundlage der entsprechenden Daten für die G7-Staaten geschätzt worden. Die Berücksichtigung dieser zusätzlichen Schocks im Modell hat zu einer Erhöhung der Volatilität der Terms of Trade geführt und zu einer Verbesserung der Modellresultate in Bezug auf die Nettoexporte beigetragen. Die Aussagekraft des Modells hinsichtlich der bereits replizierten Fakten ist durch die Modellerweiterung nicht beeinträchtigt worden. Der quantitative Effekt der zusätzlichen Schocks ist allerdings nicht ausreichend, um die Preisanomalie vollständig zu beseitigen. Dies gilt sowohl für das Basismodell dieses Kapitels als auch für alternativ parametrisierte Versionen des Modells.

Die Fragestellung des fünften Kapitels bestand darin, ob Erwartungsschocks wie in Modellen geschlossener Volkswirtschaften auch in Zwei-Länder-Modellen Technologieschocks als treibende Kraft konjunktureller Schwankungen ersetzen können. Hierfür ist in diesem Kapitel ein Zwei-Länder-Modell einem Modell einer geschlossenen Volkswirtschaft gegenübergestellt worden. In beiden Modellen verfügen die Länder über einen monopolistischen Produktionssektor für Zwischenprodukte, der sich durch steigende Skalenerträge auszeichnet. Ein internationaler Kapitalmarkt, auf dem einperiodige, reale Anleihen gehandelt werden können, verknüpft die Volkswirtschaften im Zwei-Länder-Modell. Das Ausmaß steigender Skalenerträge bzw. die Höhe des Markup-Faktors bestimmt die Stabilitätseigenschaften beider Modelle. Im Gegensatz zum Modell einer geschlossenen Volkswirtschaft ergibt sich für geringfügig steigende Skalenerträge im Zwei-Länder-Modell die Möglichkeit, daß ein Wettbewerbsgleichgewicht nicht existiert. Bei einer schrittweisen Erhöhung des Markup-Faktors werden zunächst die Stabilitätseigenschaften eines Zwei-Länder-Modells mit konstanten Skalenerträgen repliziert, d.h. man erhält einen eindeutigen Anpassungspfad. Höhere Markup-Faktoren führen dazu, daß auch im Zwei-Länder-Modell multiple Anpassungspfade existieren und Fluktuationen durch exogene Erwartungsschocks erzeugt werden können. Allerdings sind die realen Auswirkungen der Schocks in beiden Ländern identisch, so daß kein internationaler Handel zustande kommt. Während Technologieschocks durch abweichende Grenzproduktivitäten des Kapitals und eine Veränderung der relativen internationalen Vermögensverteilung Handel erzeugen, können Erwartungsschocks keinen Beitrag zur Erklärung konjunktureller, außenwirtschaftlicher Fakten leisten und somit Technologieschocks nicht ersetzen.

Literaturverzeichnis

Ambler, S., E. Cardia und C. Zimmermann (1998). International Transmission of the Business Cycle in a Multi-Sectoral Model. *Working Paper* No. 60. University of Montreal.

Armington, P. (1969). A Theory of Demand for Products Distinguished by Place of Production. *International Monetary Fund Staff Papers* 16(1): 159-178.

Azariades, C. (1981). Self-fulfilling prophecies. *Journal of Economic Theory* 25: 380-396.

Backus, D. und M. Crucini (1998). Oil Prices and the Terms of Trade. *NBER Working Paper* No. 6697. Cambridge, MA.

Backus, D., P. Kehoe, und F. Kydland (1992). International Real Business Cycles. *Journal of Political Economy* 101:745-775.

Backus, D., P. Kehoe, und F. Kydland (1995). International Business Cycles: Theory and Evidence. In T. F. Cooley (Hrsg.), Frontiers of Business Cycle Research. Princeton, NJ: Princeton University Press.

Backus, D., P. Kehoe, und F. Kydland (1994). Dynamics of the Trade Balance and the Terms of Trade: The J-Curve? *American Economic Review* 84: 84-103.

Barro, R. (1989). Modern Business Cycle Theory. Cambridge: Havard University Press.

Baxter, M. und M. Crucini (1993). Explaining Saving/Investment Correlations. *American Economic Review* 83: 416-436.

Baxter, M. (1995). International Trade and Business Cycles. In G. Grossman und K. Rogoff (Hrsg.), Handbook of International Economics. Volume III. Amsterdam: North-Holland.

Blonigen, B. und W. Wilson (1999). Explaining Armington: What Determines Substitutability between Home and Foreign Goods? *Canadian Journal of Economics* 32: 1-21.

Brandner, P. und K. Neusser (1992). Business Cycles in Open Economies: Stylized Facts for Austria and Germany. *Weltwirtschaftliches Archiv* 128: 67-87.

Burnside, C., M. Eichenbaum und S. Rebelo (1993). Labor Hoarding and the Business cycle. *Journal of Political Economy* 101: 245-273.

Campbell, J. (1994). Inspecting the Mechanism: An Analytical Approach to the Stochastic Growth Model. *Journal of Monetary Economics* 33: 463-506.

Cardia, E. (1991). The Dynamics of a Small Open Economy in Response to Monetary, Fiscal and Productivity Shocks. *Journal of Monetary Economics* 28: 411-434.

Cass, D. (1965). Optimum Growth in an Aggregative Model of Capital Accumulation. *Review of Economic Studies* 32: 233-240.

Cass, D. und K. Shell (1983). Do sunspots matter? *Journal of Political Economy* 91: 193-227.

Chari, V., L. Christiano und P. Kehoe (1995). Policy Analysis in Business Cycle Models. In T. F. Cooley (Hrsg.), Frontiers of Business Cycle Research. Princeton, NJ: Princeton University Press.

Chari, V., P. Kehoe und E. McGrattan (1996). Sticky Price Models of the Business Cycle: Can the Contract Multiplier Solve the Persistence Problem? *Staff Report* 217, Federal Reserve Bank of Minneapolis.

Chari, V., P. Kehoe und E. McGrattan (1997). Monetary Shocks and Real Exchange Rates in Sticky Price Models of International Business Cycles. *NBER Working Paper* No. 5876. Cambridge, MA.

Christiano, L. und M. Eichenbaum (1989). Unit Roots in Real GNP: Do we know, and do we care? *NBER Working Paper* No. 3130. Cambridge, MA.

Christiano, L. und M. Eichenbaum (1992). Current Real-Business-Cycle Theories and Aggregate Labor-Market Fluctuations. *American Economic Review* 82: 430-450.

Christiano, L., M. Eichenbaum und C. Evans (1997). Sticky Price and Limited Participation Models of Money: A Comparison. *European Economic Review* 41: 1201-1249.

Cogley, T. und J. Nason (1995). Effects of the HP Filter on Integrated Series. *Journal of Economic Dynamics and Control* 19: 253-278.

Cooley, T. (Hrsg.) (1995). Frontiers of Business Cycle Research. Princeton, NJ: Princeton University Press.

Cooley, T. und E. Prescott (1995). Economic Growth and Business Cycles. In T. Cooley (Hrsg.), Frontiers of Business Cycle Research. Princeton, NJ: Princeton University Press.

Correia, I., J. Neves und S. Rebelo (1995). Business Cycles in a Small Open Economy. *European Economic Review* 39: 1089-1113.

Danthine, J. und J. Donaldson (1990). Efficiency Wages and the Business Cycle Puzzle. *European Economic Review* 34: 1275-1301.

Deardorff, A. und R. Stern (1990). *Computational analysis of global trading arrangements.* Ann Arbor: University of Michigan Press.

Farmer, R. (1993). The Macroeconomics of Self-Fulfilling Prophecies. Cambridge, MA: The MIT Press.

Farmer, R. und J. Benhabib (1994). Indeterminacy and Increasing Returns. *Journal of Economic Theory* 63: 19-41.

Farmer, R. und J.-T. Guo (1994). Real Business Cycles and the Animal Spirit Hypothesis. *Journal of Economic* Theory 63: 42-72.

Felderer, B. und S. Homburg (1994). Makroökonomik und neue Makroökonomik. 6. Aufl.. Heidelberg: Springer-Verlag.

Feldstein, M. und Horioka (1980). Domestic Saving and International Capital Flows. *Economic Journal* 90: 314-329.

Fiorito, R. und T. Kollintzas (1994). Stylized Facts of Business Cycles in the G7 from a Real Business Cycle Perspective. *European Economic Review* 38: 235-269.

Frisch, R. (1933). Propagation Problems and Impulse Problems in Dynamic Economics. In, Economic Essays in Honor of Gustav Cassel. London: Allen & Unwin.

Greenwood, J., Z. Hercowitz und G. Huffman (1988). Investment, Capacity Utilization and the Real Business Cycle. *American Economic Review* 78: 402-417.

Greenwood, J. und G. Huffman (1988). Tax Analysis in a Real-Business-Cycle Model: On Measuring Harberger Triangles and Okun Gaps. *Journal of Monetary Economics* 27: 167-190.

Hall, R. (1988). The Relation between Price and Marginal Cost in the U.S. Industry. *Journal of Political Economy* 96: 921-947.

Hall, R. (1990). Invariance Properties of Solow's Productivity Residual. In P. Diamond (Hrsg.), Growth, Productivity, Unemployment. Cambridge, MA: The MIT Press.

Hall, R. (1991). Market Structure and Macroeconomic Fluctuations. In N. Mankiw und D. Romer (Hrsg.), New Keynesian Economics. Cambridge, MA: The MIT Press.

Hansen, G. (1985). Indivisible Labor and the Business Cycle. *Journal of Monetary Economics* 16: 309-327.

Hansen, G. und E. Prescott (1995). Recursive Methods for Computing Equilibria of Business Cycle Models. In T. Cooley (Hrsg.), Frontiers of Business Cycle Research. Princeton, NJ: Princeton University Press.

Hansen, L. und K. Singleton (1983). Stochastic Consumption, Risk Aversion, and the Temporal Behavior of Asset Returns. *Journal of Political Economy* 91: 249-265.

Harjes, T. (1997). Real Business Cycles in an Open Economy: An Application to Germany. *Weltwirtschaftliches Archiv* 133: 635-656.

Harvey, A. und A. Jaeger (1993). Detrending, Stylized Facts and the Business Cycle. *Journal of Applied Econometrics* 8: 216-237.

Hayashi, F. (1982). Tobin's Marginal q and Average q: A Neoclassical Interpretation. *Econometrica* 50: 213-224.

Jaeger, A. (1994). Mechanical Detrending by Hodrick-Prescott Filtering: A Note. *Empirical Economics* 19: 493-500.

Jonsson, G. und P. Klein (1996). Stochastic Fiscal Policy and the Swedish Business Cycle. *Journal of Monetary Economics* 96: 245-268.

Hodrick, R. und E. Prescott (1980). Postwar U.S. Business Cycles: An Empirical Investigation. *Discussion Paper* 451. Carnegie-Mellon University, Pittsburgh, PA.

Kaldor, N. (1961). Capital Accumulation and Economic Growth. In F. Lutz und D. Hague (Hrsg.), The Theory of Capital. New York: St. Martin's Press.

Kalecki, M. (1935). A Macroeconomic Theory of the Business Cycle. *Econometrica* 3: 327-344.

Keynes, J. (1936). The General Theory of Employment, Interest and Money. New York: Harcourt, Brace and Co.

King, R., C. Plosser und S. Rebelo (1987). Production, Growth and Business Cycles. Technical Appendix. *Manuskript.* University of Rochester, Rochester, NY.

King, R., C. Plosser und S. Rebelo (1988). Production, Growth and Business Cycles, I: The Basic Neoclassical Model, *Journal of Monetary Economics* 21: 195-232.

King, R. und S. Rebelo (1993). Low Frequency Filtering and Real Business Cycles. *Journal of Economic Dynamics and Control* 17: 207-231.

Kollman, R. (1996a). Incomplete Asset Markets and the Cross-Country Correlation Puzzle. *Journal of Economic Dynamics and Control* 20: 945-961.

Kollman, R. (1996b). The Exchange Rate in a Dynamic-Optimizing Current Account Model with Nominal Rigidities: A Quantitative Investigation. *Discussion Paper* No.1896. University of Montreal.

Koopmans, T. (1949). The Econometric Approach to Business Cycle Fluctuations. *American Economic Review* 39: 64-72.

Koopmans, T. (1965). On the Concept of Optimal Economic Growth. In, The Economic Approach to Development Planning. Amsterdam: North-Holland.

Kydland, F., und E. Prescott (1982). Time to Build and Aggregate Fluctuations. *Econometrica* 50: 1345-1370.

Kydland, F., und E. Prescott (1991). The Econometrics of the General Equilibrium Approach. *Scandinavian Journal of Economics* 93: 161-178.

Long, J. und C. Plosser (1983). Real Business Cycles. *Journal of Political Economy* 91: 39-69.

Lucas, R. (1972). Expectations and the Neutrality of Money. *Journal of Economic Theory* 4: 103-124.

Lucas, R. (1975). An Equilibrium Model of the Business Cycle. *Journal of Political Economy* 83: 1113-1144.

Lucas, R. (1976). Econometric Policy Evaluation: A Critique. *Carnegie-Rochester Series on Public Policy* 1: 19-46.

Lucas, R. (1977). Understanding Business Cycles. In R. Lucas (Hrsg.), Studies in Business-Cycle Theory. Oxford: Blackwell.

Lucas, R. (1988). On the Mechanics of Economic Development. *Journal of Monetary Economics* 22: 3-42.

Lucke, B. (1997). Theorie und Empirie realer Konjunkturzyklen. Heidelberg: Physica-Verlag.

Lundvik, P. (1992). Business Cycles in a Small Open Economy: Sweden 1871-1987. *Manuskript.* Universität Stockholm.

Macurdy, T. (1981). An Empirical Model of Labor Supply in a Life-cycle Setting. *Journal of Political Economy* 89: 1059-1085.

Mankiw, N. und D. Romer (1991). New Keynesian Economics. Cambridge, MA. The MIT Press.

Marimon, R. und A. Scott (1999). Computational Methods for the Study of Dynamic Economies. Oxford: Oxford University Press.

Maußner, A. (1994). Konjunkturtheorie. Berlin: Springer-Verlag.

Mazenga, E. und M. Ravn (1998). Relative Price Riddles in International Business Cycle Theory: Are Transport Costs the Explanation? Working Paper. Universitat Pompeu Fabra.

McCallum, B. (1989). Real Business Cycle Models. In R. Barro (Hrsg.), Modern Business Cycle Theory. Cambridge: Havard University Press.

McGrattan, E., R. Rogerson und R. Wright (1993). Household Production and Taxation in the Stochastic Growth Model. *Discussion Paper* No. 521. Federal Reserve Bank of Minneapolis.

McGrattan, E. (1994). The Macroeconomic Effects of Distortionary Taxation. *Journal of Monetary Economics* 33: 573-601.

Mendoza, E. (1991). Real Business Cycles in a Small Open Economy. *American Economic Review* 81: 797-818.

Meyer zu Schlochtern, F. (1988). An International Sectoral Database for Thirteen OECD Countries. Technical Report 57. Paris: OECD.

Nelson, C. und C. Plosser. (1982). Trends and Random Walks in Macroeconomic Time Series. *Journal of Monetary Economics* 10: 139-162.

Obstfeld, M. (1994). Risk-taking, Global Diversification and Growth. *American Economic Review* 84: 1310-1329.

Obstfeld, M. und K. Rogoff (1996). Foundations of International Macroeconomics. Cambridge, MA: The MIT Press.

OECD (Verschiedene Ausgaben). *Main Economic Indicators* und *Quarterly National Accounts.* Paris: OECD.

Prescott, E. (1986). Theory Ahead of Business-Cycle Measurement. Federal Reserve Bank of Minneapolis, *Quarterly Review* 10: 9-22.

Reinert, K. und C. Shiells (1993). Armington Models and Terms of Trade Effects: Some Econometric Evidence for North America. *Canadian Journal of Economics* 26: 299-316.

Ramsey, F. (1928). A Mathematical Theory of Saving. *Economic Journal* 38: 543-559.

Romer, D. (1996). Advanced Macroeconomics. New York: McGraw-Hill.

Romer, P. (1986). Increasing Returns and Long-Run Growth. *Journal of Political Economy* 94: 1002-1037.

Romer, P. (1990). Endogenous Technological Change. *Journal of Political Economy* 98: 71-102.

Rotemberg, J. und M. Woodford (1995). Dynamic General Equilibrium Models with Imperfectly Competitive Product Markets. In T. Cooley (Hrsg.), Frontiers of Business Cycle Research. Princeton, NJ: Princeton University Press.

Rudebusch, G. (1993). The Uncertain Unit Root in Real GNP. *American Economic Review* 83: 264-272.

Salyer, K. (1995). The Macroeconomics of Self-Fulfilling Prophecies: A Review Essay. *Journal of Monetary Economics* 35: 215-242.

Samuelson, P. (1939). Interactions between the Multiplier Analysis and the Principle of Acceleration. *The Review of Economic Statistics* 21: 75-78.

Schlittgen, R. und B. Streitberg (1989). Zeitreihenanalyse. Oldenbourg Verlag: München.

Skinner, J. (1985). Variable Lifespan and the Intertemporal Elasticity of Consumption. *Review of Economics and Statistics* 67: 616-623.

Solow, R. (1956). A Contribution to the Theory of Economic Growth. *Quarterly Journal of Economics* 109: 1-25.

Statistisches Bundesamt (Verschiedene Ausgaben). *Statis-Bund.* Wiesbaden: Statistisches Bundesamt.

Stern, R., J. Francis und B. Schumacher (1976). Price Elasticities in International Trade. London: Macmillan.

Stockman, A. und L. Tesar (1995). Tastes and Technology in a Two-Country Model of the Business Cycle: Explaining International Comovements. *American Economic Review* 85: 168-185.

Stokey, N., R. Lucas und E. Prescott (1989). Recursive Methods in Economic Dynamics. Cambridge, MA: Havard University Press.

Tinbergen, J. (1937). An Econometric Approach to Business Cycle Problems. Paris: Harman und Cie.

Uhlig, H. (1995). A Toolkit for Analyzing Nonlinear Stochastic Growth Models Easily. *Discussion Paper* No. 101. Federal Reserve Bank of Minneapolis.

Watson, M. (1993). Measures of Fit for Calibrated Models. *Journal of Political Economy* 101: 1011-1041.

van Wincoop, E. (1994). Welfare Gains from International Risksharing. *Journal of Monetary Economics* 34: 175-200.

van Wincoop, E. (1999). How Big are the Potential Welfare Gains from International Risksharing? *Journal of International Economics* 47: 109-135.

Varian, H. (1992). Microeconomic Analysis. New York: Norton & Company.

Whalley, J. (1985). Trade Liberalization among Major Trading Areas. Cambridge, MA: MIT Press.

Woodford, M. (1991). Self-fulfilling Expectations and Fluctuations in Aggregate Demand. In N. Mankiw und D. Romer (Hrsg.), New Keynesian Economics. Cambridge, MA. The MIT Press.

Zimmermann, C. (1997) International Business Cycles and Exchange Rates. Working Paper No. 33. University of Montreal.

Walter Naggl

Konjunktur

Frankfurt/M., Berlin, Bern, New York, Paris, Wien, 1999. 221 S., zahlr. Abb.
ISBN 3-631-33969-0 · br. DM 69.–*

Dieses Buch soll einen praxisorientierten Überblick der Verfahren zur Konjunkturanalyse und -prognose liefern. Es beginnt mit dem Verlauf der konjunkturellen Entwicklung in den USA und Deutschland seit den zwanziger Jahren. Danach werden das offizielle amerikanische Verfahren und von der Finanzpresse popularisierte Faustregeln der Datierung von Konjunkturzyklen dargestellt. Es folgt ein Abriß der wichtigsten Konjunkturtheorien und ihrer Aussagekraft bezüglich aktueller konjunktureller Fragestellungen. Die Schilderung typischer Muster des Konjunkturverlaufs bildet ein empirisches Pendant zu den Theorien. Es wird gezeigt, wie die Daten des ifo-Konjunkturtests und der Konsumentenstimmung zu Indizes verdichtet werden und welche Aussagekraft sie haben. Methoden zur Konstruktion von Frühindikatorindizes werden vorgestellt und deren Prognoseleistung diskutiert. Das Buch schließt mit einem Kapitel zur Inflation.

Aus dem Inhalt: Konjunkturzyklen in den USA und Deutschland und ihre Messung · Konjunkturtheorie und Muster der Konjunktur · Stimmungen, Erwartungen und Kaufpläne als Einzelindikatoren und ihre Verdichtung in einem Frühindikatorindex · Prognoseleistung von Vorlaufindikatoren · Historischer Überblick und Indikatoren der Inflation

Kolibri 360 GmbH
Ferdinand-Jühlke-Straße 7
99095 Erfurt, Deutschland
produktsicherheit@kolibri360.de

Druck:
CPI Druckdienstleistungen GmbH
im Auftrag der
Kolibri 360 GmbH
Ferdinand-Jühlke-Str. 7
99095 Erfurt